120 RECETTES À PARTAGER

# DESSERTS FACILES



SOLAR

TOUS EN CUISINE !

# SOMMAIRE

# TARTE TATIN

**POUR 8 PERSONNES • PRÉPARATION : 20 MIN • CUISSON : 35 MIN**

**Pour la pâte sucrée à tarte :** 100 g de margarine spécial cuisson + 250 g de farine de blé (T65) 1 cuil. à soupe pour le plan de travail + 1 cuil. à soupe de sucre en poudre + Sel

**Pour la garniture :** 1 kg de pommes reine des reinettes (soit 6 belles pommes environ) 2 gouttes de jus de citron + 50 g de sucre blond de canne en poudre + 2 cuil. à soupe de sucre ou 2 sachets de sucre vanillé

❒ Préchauffez le four à 200 °C (th. 6-7). Dans un saladier, mélangez la farine avec une pincée de sel. Faites un puits au centre, puis mettez-y la margarine et le sucre. Mélangez du bout des doigts en versant peu à peu 8 cl d'eau et formez une boule de pâte homogène, sans trop la pétrir. Laissez-la reposer.

❒ Faites fondre 50 g de sucre dans une casserole avec le jus de citron. Quand il devient couleur caramel doré, versez-le dans un moule à manqué et répartissez-le bien.

❒ Épluchez les pommes, coupez-les en deux et éliminez les pépins. Coupez-les en quartiers assez gros et rangez-les dans le moule, côté bombé dessous. Saupoudrez du reste de sucre (ou de sucre vanillé).

❒ Sur le plan de travail fariné, étalez finement la pâte au rouleau. Piquez-la à la fourchette, puis retournez-la avant de la déposer sur les pommes. Bordez les fruits en faisant pénétrer la pâte jusqu'au fond du moule. Enfournez pour 35 minutes. À la sortie du four, attendez un peu avant de retourner la tarte sur un plat de service.
Servez tiède ou froid, éventuellement accompagné de fromage blanc à 0 % de matières grasses.

# TARTE À LA RICOTTA ET À L'ORANGE

**POUR 6 PERSONNES • PRÉPARATION : 15 MIN • CUISSON : 35 MIN**

1 rouleau de pâte sablée + 400 g de ricotta + 3 œufs + 2 jaunes + 2 cuil. à soupe de Maïzena® + 100 g de sucre glace + un peu pour servir + 5 cl de jus d'orange
Le zeste de ½ orange, finement râpé + 100 g de marmelade d'orange fine + 1 pincée de sel

❐ Déroulez la pâte et garnissez un moule à tarte. Coupez nettement le bord à ras du moule et piquez le fond avec une fourchette. Mettez au réfrigérateur.

❐ Préchauffez le four à 160 °C (th. 5-6). Cassez les œufs entiers en séparant les blancs des jaunes. Versez la ricotta dans un grand bol et fouettez-la 2 à 3 minutes avec les 5 jaunes d'œufs et le sucre. Saupoudrez la Maïzena® sans cesser de fouetter. Quand le mélange est bien crémeux, ajoutez le jus et le zeste d'orange, et remuez bien.

❐ Dans un autre bol, battez les 3 blancs d'œufs en neige ferme avec la pincée de sel. Incorporez-les délicatement à la ricotta.

❐ Étalez une fine couche de marmelade d'orange sur le fond de pâte, puis versez la ricotta. Faites cuire 35 minutes. Servez la tarte tiède ou froide, saupoudrée de sucre glace.

# TARTE FONDANTE AUX MARRONS ET AU CHOCOLAT

**POUR 6 PERSONNES • PRÉPARATION : 10 MIN • CUISSON : 20 MIN**
**RÉFRIGÉRATION : 3 H**

1 rouleau de pâte sablée + 20 cl de crème liquide + 500 g de crème de marrons
200 g de chocolat noir + 80 g de beurre

❒ Préchauffez le four à 200 °C (th. 6-7). Déroulez la pâte. Garnissez un moule à tarte, piquez le fond avec une fourchette et coupez nettement le bord à ras du moule. Recouvrez d'un papier sulfurisé et de légumes secs et faites cuire 10 minutes. Retirez le papier et les légumes secs, et remettez à cuire 5 minutes. Laissez refroidir.

❒ Coupez le beurre et le chocolat en petits morceaux. Mettez-les dans un bol posé sur une casserole d'eau frémissante et faites-les fondre ensemble, en remuant avec une spatule pour obtenir une crème bien lisse.

❒ Mélangez la crème de marrons et la crème liquide dans une autre casserole, et portez doucement à ébullition. Retirez du feu et mélangez les deux préparations, en fouettant.

❒ Versez cette crème encore chaude sur le fond de tarte et laissez durcir au réfrigérateur pendant 3 heures.

# TARTELETTES LÉGÈRES CHÈVRE ET POIRES

**PRÉPARATION : 20 MIN • CUISSON : 20 MIN**

1 rouleau de pâte feuilletée + 1 poire + 2 cuil. à soupe de miel liquide
80 g de fromage de chèvre frais

❐ Préchauffez le four à 180 °C (th. 6). Étalez la pâte feuilletée de manière à obtenir un rectangle de pâte de 30 x 48 cm. Coupez cette pâte en quatre de manière à obtenir 4 bandes de 12 x 30 cm. Étalez les morceaux de pâte sur une plaque recouverte de papier sulfurisé.

❐ Coupez la poire en quatre, gardez la peau, retirez le cœur, puis taillez-la en très fines tranches.

❐ Étalez le fromage au milieu des pâtes feuilletées avec le dos d'une cuillère. Déposez par-dessus les tranches de poire. Mélangez le miel avec 1 cuillerée à soupe d'eau chaude, puis badigeonnez les tartelettes sur toute la longueur avec le miel.

❐ Enfournez 20 minutes environ. Badigeonnez de nouveau de miel à mi-cuisson, puis encore une fois la cuisson juste terminée.

# TARTES AU CITRON EN VERRINES

**POUR 4 PERSONNES • PRÉPARATION : 30 MIN • CUISSON : 10 MIN**

60 g de palets bretons + 6 cuil. à soupe de lemon curd + 120 g de sucre + 2 blancs d'œufs

- Écrasez les palets bretons en miettes fines. Réservez-les et préparez la meringue.
- Versez le sucre et 3 cl d'eau dans une casserole et faites cuire jusqu'à ce que le sucre fonde et que sa température atteigne 110 °C.
- Fouettez les blancs en neige et versez le sucre en filet tout en continuant de fouetter, jusqu'à ce que la meringue soit tiède. Comptez 5 minutes environ.
- Garnissez les verrines. Versez d'abord le biscuit en le tassant un peu, puis le lemon curd et enfin la meringue. Brûlez alors la meringue au chalumeau de cuisine.

# TARTE À LA RHUBARBE

**POUR 6 PERSONNES • PRÉPARATION : 35 MIN • CUISSON : 35 MIN • REPOS : 1 H**

1 kg de rhubarbe + 1 œuf + 3 cuil. à soupe de crème fraîche épaisse
120 g de beurre ou de margarine + 250 g de farine + 80 g de sucre en poudre + Sel

❒ Versez la farine dans un saladier. Ajoutez une pincée de sel et le beurre coupé en petits dés. Mélangez du bout des doigts pour obtenir une consistance sableuse. Versez ½ verre d'eau et travaillez rapidement la pâte en formant une boule. Couvrez de film étirable et placez au frais au moins 1 heure.

❒ Pelez les tiges de rhubarbe, rincez-les sous l'eau et séchez-les. Coupez-les en petits tronçons.

❒ Préchauffez le four à 180 °C (th. 6). Étalez la pâte sur le plan de travail, puis garnissez-en un moule à tarte de 24 cm de diamètre environ. Piquez le fond avec une fourchette.

❒ Disposez les tronçons de rhubarbe sur la pâte. Battez l'œuf dans un bol avec le sucre et la crème. Versez sur la pâte et faites cuire 35 minutes au four. Dégustez tiède ou à température ambiante.

# TARTE RENVERSÉE À L'ANANAS ET CARAMEL AU RHUM

**POUR 6 PERSONNES • PRÉPARATION : 15 MIN • CUISSON : 35 MIN**

1 rouleau de pâte feuilletée ou brisée + 8 tranches d'ananas frais (ou en conserve, sans sucre ajouté) + 70 g de beurre + 50 g de sucre en poudre + 5 cl de rhum

❒ Déroulez la pâte sur une plaque, piquez-la avec une fourchette et mettez-la au réfrigérateur.

❒ Placez un moule à manqué épais à feu moyen et faites fondre 40 g de beurre. Quand il commence à mousser, saupoudrez le sucre et laissez caraméliser le mélange, jusqu'à ce qu'il soit bien doré.

❒ Retirez du feu, ajoutez le reste du beurre et le rhum, et mélangez doucement.

❒ Posez une tranche d'ananas dans le caramel, au centre du moule, puis rangez les autres en cercle autour. Si elles sont assez fines, faites-les se chevaucher pour recouvrir toute la surface.

❒ Sortez la pâte du réfrigérateur, posez-la sur les fruits et glissez le bord à l'intérieur des parois du moule. Enfournez et faites cuire 30 minutes.

❒ Laissez reposer 5 minutes à la sortie du four, puis démoulez en retournant la tarte sur un plat. Servez tiède.

# TARTE SOLEIL ABRICOTS ET PISTACHES

**POUR 4 PERSONNES • PRÉPARATION : 15 MIN • CUISSON : 35 MIN**

2 rouleaux de pâte feuilletée + 2 cuil. à soupe de confiture d'abricots + 1 jaune d'œuf
1 cuil. à soupe de miel liquide + un peu pour le décor + 2 cuil. à soupe de pistaches hachées

❒ Préchauffez le four à 180 °C (th. 6). Déposez un disque de pâte feuilletée sur une plaque recouverte d'une feuille de papier sulfurisé. Étalez la confiture d'abricots sur la pâte en laissant 2 cm environ sur le pourtour. À l'aide d'un pinceau, badigeonnez d'eau le pourtour de la pâte, déposez par-dessus l'autre disque de pâte et aplatissez bien les deux l'un contre l'autre. Écrasez les bords du bout des doigts.

❒ Posez un verre au centre et découpez les rayons du soleil en partant du verre jusqu'à l'extérieur de la pâte. Coupez d'abord le gâteau en quatre, puis les quarts en deux, et chaque huitième en trois.

❒ Enlevez le verre et badigeonnez le tout de jaune d'œuf au pinceau, puis torsadez chaque rayon sur lui-même. Enfournez pour 35 minutes.

❒ Mélangez le miel et 1 cuillerée à café d'eau dans un bol. À la sortie du four, badigeonnez la tarte de miel et saupoudrez-la de pistaches.

# TARTE AU CHOCOLAT ET À LA BANANE

**PRÉPARATION : 15 MIN • REPOS : 2 H • CUISSON : 20 MIN**

1 rouleau de pâte sablée + 200 g de chocolat au lait à pâtisser + 1 banane
12 cl de crème liquide entière

❒ Préchauffez le four à 180 °C (th. 6). Garnissez un moule à tarte de 18 cm avec la pâte. Recouvrez la pâte de papier sulfurisé, puis tapissez-le de poids de cuisson ou de haricots secs. Enfournez pour 10 minutes. À côté du moule, déposez la banane non épluchée dans le four.

❒ Sortez le moule, retirez le papier et les poids et remettez au four pour 8 minutes. La pâte doit être cuite et bien dorée, si ce n'est pas le cas, prolongez la cuisson. Sortez le moule et la banane et laissez-les refroidir.

❒ Cassez 180 g de chocolat en morceaux dans un saladier. Versez la crème liquide dans un bol, portez-la à ébullition au four à micro-ondes, puis versez-la sur le chocolat et couvrez le saladier d'une assiette. Laissez reposer 3 minutes, puis mélangez délicatement avec une maryse.

❒ Épluchez la banane, coupez-la en tranches ; déposez-les sur le fond de tarte. Versez le chocolat par-dessus. Laissez prendre la tarte au frais pendant 2 heures au moins. Au moment de servir, taillez le chocolat restant en copeaux avec un épluche-légumes pour décorer la tarte.

# TARTELETTES À LA BANANE, FRAISES ET FRAMBOISES

**POUR 2 PERSONNES • PRÉPARATION : 10 MIN • CONGÉLATION : 4 H**

**Pour la pâte :** 50 g de poudre d'amandes + 25 g de sirop d'érable
1 goutte d'extrait d'amande amère

**Pour la crème :** 1 grosse banane + 2 cuil. à soupe de lait d'amande

**Pour la garniture :** 1 cuil. à café de noix de coco râpée + 50 g de framboises et/ou de fraises

❒ Combinez, dans un bol, les ingrédients pour la pâte. Répartissez la préparation dans 2 moules à tartelettes, de 10 cm de diamètre. Réservez au réfrigérateur.

❒ Découpez la banane en morceaux ; placez-les au congélateur 3 heures, avant de les mixer au robot avec le lait d'amande, jusqu'à l'obtention d'une glace.

❒ Répartissez la crème sur la pâte et placez au congélateur 1 heure.

❒ Saupoudrez les tartelettes de noix de coco râpée et garnissez de framboises et/ou de fraises, préalablement tranchées finement, puis servez aussitôt.

# TARTELETTES AUX FRUITS ET À LA CRÈME PÂTISSIÈRE

**POUR 6 À 8 PERSONNES • PRÉPARATION : 15 MIN • REPOS : 30 MIN**
**RÉFRIGÉRATION : 2 H**

1 rouleau de pâte brisée + Fruits au choix + 80 g de fécule de maïs ou de pomme de terre
40 à 60 g de sucre blond ou complet, selon les fruits + 40 cl de lait végétal au choix

❒ Versez le lait, le sucre et la fécule dans une casserole et laissez chauffer à feu doux/moyen, sans cesser de mélanger au fouet, jusqu'à ce que la préparation épaississe pour former une crème pâtissière.

❒ Versez-la dans un bol puis filmez-la au contact. Laissez refroidir, puis placez la crème 2 heures au réfrigérateur.

❒ Foncez de petits moules à tartelette chemisés de papier sulfurisé. Piquez le fond avec une fourchette, puis faites cuire à blanc pendant 15 à 20 minutes. Laissez refroidir.

❒ Répartissez la crème sur la pâte brisée, puis garnissez les fonds de tarte avec les fruits de votre choix avant de servir ou de réserver au frais.

# TARTE ÉTOILÉE AUX POMMES

**POUR 4 PERSONNES • PRÉPARATION : 15 MIN • CUISSON : 40 MIN**

2 rouleaux de pâte sablée + 500 g de pommes rouges coupées en cubes
2 cuil. à soupe de confiture d'abricots + 1 cuil. à soupe de sucre
2 cuil. à soupe d'amandes effilées + 1 jaune d'œuf

❐ Préchauffez le four à 180 °C (th. 6). Mettez les pommes, la confiture d'abricots, le sucre et les amandes dans un robot et mixez très grossièrement.

❐ Foncez un moule de 20 cm de diamètre avec la première pâte à tarte. Placez le mélange de pommes mixées sur la pâte et étalez bien.

❐ Découpez des étoiles dans la seconde pâte avec un emporte-pièce et recouvrez-en la tarte. Badigeonnez le dessus avec le jaune d'œuf.

❐ Faites cuire au four pendant 40 minutes.

# TARTE AUX FRAISES

**POUR 4 PERSONNES • PRÉPARATION : 10 MIN • CUISSON : 10 MIN • REPOS : 30 MIN**

1 rouleau de pâte brisée sucrée + 500 g de fraises
70 g de poudre de coco + 1 cuil. à soupe pour la garniture + 70 g de crème végétale
35 g de sucre en poudre + 10 cl de lait végétal

❐ Préchauffez le four à 180 °C (th. 6).

❐ Étalez la pâte dans un moule à tarte et piquez-la à l'aide d'une fourchette. Recouvrez-la d'une feuille de papier sulfurisé et de billes de cuisson ou de légumes secs.

❐ Enfournez pour 10 minutes puis laissez tiédir 30 minutes.

❐ Mixez la poudre de coco, la crème végétale, le lait et le sucre. Équeutez les fraises et coupez-les en deux.

❐ Garnissez la tarte de crème de coco puis disposez les fraises dessus. Saupoudrez-les de poudre de coco. Vous pouvez aussi agrémenter la tarte de quelques feuilles de menthe.

# TARTE AUX QUETSCHES

**POUR 6 PERSONNES • PRÉPARATION : 20 MIN • CUISSON : 25 MIN**

250 g de pâte brisée (en bloc) + 800 g de quetsches + 60 g de sucre cristallisé
50 g de poudre d'amandes + 50 g de beurre mou + 50 g de sucre glace + 1 petit œuf
Farine + Sucre glace pour servir

❐ Essuyez les quetsches une à une avec un linge humide, coupez-les en deux et retirez les noyaux. Mettez la poudre d'amandes, le beurre, l'œuf et le sucre glace dans un bol, et mélangez à la cuillère en bois pour obtenir une crème lisse.

❐ Préchauffez le four à 200 °C (th. 6-7). Préparez un moule carré de 24 cm de côté. Farinez le plan de travail et étalez la pâte au rouleau en un carré de 3 mm d'épaisseur, un peu plus grand que le moule. Garnissez le moule, coupez le bord de la pâte à ras du moule et piquez le fond avec une fourchette. Recouvrez de papier sulfurisé, puis de légumes secs et faites cuire 5 minutes à blanc. Sortez le moule du four. Retirez le papier et les légumes secs. Étalez la crème d'amande sur le fond de tarte, puis rangez les quetsches dessus, en les serrant les unes contre les autres.

Saupoudrez-les de sucre cristallisé et mettez à cuire 20 minutes. Laissez tiédir et saupoudrez de sucre glace.

# TARTE BRIOCHÉE AUX FRUITS

**POUR 6 PERSONNES • PRÉPARATION : 20 MIN • REPOS : 12 H • CUISSON : 30 MIN**

2 fruits de saison (pommes ou poires en hiver, prunes en automne, abricots ou pêches en été...) + 2 œufs + 8 cl de lait demi-écrémé + 250 g de farine de blé T65 + 1 sachet de levure de boulanger + 25 g de sucre blond de canne en poudre + 60 g de margarine spécial cuisson + 1 cuil. à soupe d'huile pour le moule + Sel

❒ Dans une casserole, chauffez le lait avec la margarine à feu doux, jusqu'à ce qu'elle fonde. Laissez tiédir, puis versez la levure et laissez reposer jusqu'à ce qu'elle soit bien dissoute.

❒ Versez la farine dans le bol pétrisseur d'un robot et ajoutez-y une bonne pincée de sel, le sucre et les œufs. Mélangez, puis versez le contenu de la casserole et pétrissez de nouveau jusqu'à l'obtention d'une pâte souple. Couvrez-la de film alimentaire et laissez-la gonfler 12 heures dans un endroit tiède et sec.

❒ Préchauffez le four à 180 °C (th. 6). Graissez un moule à tarte. Farinez légèrement la pâte pour la décoller et pétrissez-la entre vos mains sur le plan de travail avant de l'étaler à l'aide d'un rouleau à pâtisserie. Déposez-la dans le moule.

❒ Pelez et épépinez ou dénoyautez les fruits, puis coupez-les en lamelles et disposez-les en rosace sur la pâte. Enfournez pour 30 minutes. Servez tiède ou froid.

# TARTE AUX POMMES

**POUR 6 PERSONNES • PRÉPARATION : 15 MIN • CUISSON : 20 À 25 MIN**

1 rouleau de pâte feuilletée + 3 pommes (golden, reinette ou belle de Boskoop)
80 g de beurre + 4 cuil. à soupe de sucre en poudre blond

❒ Coupez la moitié du beurre en petits dés. Faites fondre le reste dans une petite casserole et laissez-le tiédir.

❒ Préchauffez le four à 200 °C (th. 6-7).Déroulez la pâte et posez-la sur une plaque avec du papier sulfurisé. Piquez toute la surface avec une fourchette. Mettez au réfrigérateur.

❒ Épluchez les pommes, coupez-les en deux, évidez-les, puis recoupez chaque moitié en tranches fines.

❒ Sortez la pâte du réfrigérateur et disposez les pommes en cercles concentriques ou en rangées régulières, en allant presque jusqu'au bord et en les faisant se chevaucher pour bien recouvrir la pâte.

❒ Répartissez les dés de beurre, saupoudrez la moitié du sucre et faites cuire 15 minutes.

❒ Sortez la tarte du four, étalez le beurre fondu sur les pommes avec un pinceau et saupoudrez le reste du sucre. Remettez à cuire 5 à 10 minutes. Servez tiède ou chaud.

# TARTE FINE AUX ABRICOTS

**POUR 6 PERSONNES • PRÉPARATION : 25 MIN • CUISSON : 25 MIN • REPOS : 1 H**

150 g de farine + 75 g de margarine riche en oméga-3 + 700 g d'abricots rincés et coupés en quatre + 30 g de sucre roux + 2 cuil. à soupe d'édulcorant en poudre à base de sucralose + 40 g d'amandes entières + 1 pincée de sel

❒ Travaillez la farine, le sel et la margarine pour obtenir un mélange sableux. Ajoutez 4 cuillerées à soupe d'eau et formez une boule. Couvrez de film étirable et laissez reposer 1 heure au frais.

❒ Préchauffez le four à 180 °C (th. 6). Coupez les amandes dans le sens de la hauteur, en fins bâtonnets.

❒ Étalez finement la pâte en forme de rectangle de 18 × 25 cm environ. Disposez-la sur une plaque à pâtisserie garnie de papier sulfurisé et piquez toute la surface avec une fourchette.

❒ Disposez par-dessus les quartiers d'abricot, saupoudrez de sucre roux et décorez avec les amandes émincées.

❒ Faites cuire 25 minutes au four.

❒ Saupoudrez l'édulcorant à la sortie du four. Dégustez tiède.

# PETITS GÂTEAUX AUX FIGUES

**POUR 4 PERSONNES • PRÉPARATION : 20 MIN • CUISSON : 20 MIN**

2 tasses à thé de farine de blé complet + ½ tasse de farine de châtaigne
½ tasse de sucre roux + 2 œufs + ½ tasse d'huile de colza + ½ tasse de lait
1 sachet de levure chimique + 8 figues violettes + Sel

❒ Mélangez dans un saladier les farines, le sucre roux, la levure et une pincée de sel. Ajoutez les œufs, l'huile et le lait. Mélangez pour obtenir une pâte lisse.

❒ Préchauffez le four à 150 °C (th. 5). Épongez délicatement les figues, coupez-les en dés. Ajoutez-les à la pâte et mélangez.

❒ Versez la pâte dans de petits moules à muffins. Faites cuire 15 à 20 minutes au four. Dégustez froid.

# FINANCIERS SANS GLUTEN

**POUR 4 PERSONNES • PRÉPARATION : 10 MIN • REPOS : 1 H • CUISSON : 25 MIN**

120 g de poudre d'amandes + 4 blancs d'œufs + 60 g de beurre + un peu pour les moules
120 g de sucre en poudre

❒ Faites chauffer le beurre coupé en morceaux à feu assez vif, jusqu'à ce qu'il prenne une couleur noisette.

❒ Mélangez dans un saladier les amandes et le sucre en poudre. Ajoutez le beurre et mélangez. Ajoutez les blancs d'œufs un par un et fouettez bien entre chaque ajout. Laissez reposer la pâte au frais 1 heure environ.

❒ Préchauffez le four à 180 °C (th. 6). Beurrez des moules à financiers et versez-y la pâte. Enfournez pour 18 à 20 minutes selon la taille des moules.

❒ Laissez tiédir les financiers, démoulez-les délicatement sur une plaque recouverte de papier sulfurisé, puis laissez-les refroidir.

# MINI-CAKES CHOCO-POIRE

**POUR 4 PERSONNES • PRÉPARATION : 20 MIN • CUISSON : 15 MIN**

1 poire + 1 cuil. à soupe de jus de citron + 1 œuf + 70 g de margarine spécial cuisson
4 carrés de chocolat noir à 70 % de cacao + 1 cuil. à soupe de cacao amer en poudre
60 g de sucre blond de canne + 1 cuil. à café de semoule de blé dur fine + 80 g de farine (T65)
½ sachet de poudre à lever biologique (sans phosphates)

❒ Préchauffez le four à 180 °C (th. 6). Pelez et épépinez la poire, puis coupez-la en petits dés. Arrosez-les de jus de citron et remuez afin de bien les enrober et éviter qu'ils noircissent.

❒ Dans un saladier, mélangez la margarine et le sucre, puis ajoutez l'œuf.

❒ Faites fondre le chocolat à feu doux, au bain-marie, puis versez-le dans le saladier et mélangez.

❒ Dans un bol, mélangez la farine, le cacao et la levure. Incorporez le tout à la préparation précédente à travers une passoire, en mélangeant au fouet.

❒ Versez la semoule sur les dés de poire et mélangez. Ajoutez-en la moitié dans la pâte et remplissez 6 alvéoles d'une plaque en silicone de moules à cakes. Parsemez chaque gâteau du reste de dés de poire.

❒ Enfournez pour 15 minutes. Vérifiez la cuisson en enfonçant une pointe de couteau dans un cake : elle doit ressortir sèche. Attendez 10 minutes avant de démouler. Servez tiède ou à température ambiante.

# MUFFINS AU THÉ VERT

**POUR 6 MUFFINS • PRÉPARATION : 10 MIN • CUISSON : 20 MIN**

1 œuf + 60 g de beurre + un peu pour le moule (facultatif) + ½ pot de yaourt nature
10 g de thé vert matcha + 100 g de farine + ½ sachet de levure chimique
75 g de sucre en poudre

❒ Faites fondre le beurre dans une petite casserole, puis réservez. Beurrez très légèrement le moule à muffins pour faciliter le démoulage ou garnissez chaque alvéole d'une caissette en papier.

❒ Dans un saladier ou dans le bol d'un robot, battez le sucre avec l'œuf, jusqu'à l'obtention d'une texture légère et mousseuse. Incorporez la farine et la levure chimique, puis versez le yaourt et le beurre fondu pour assouplir la pâte. Mélangez afin d'obtenir une pâte lisse et homogène, puis ajoutez le thé vert.

❒ À l'aide d'une cuillère, remplissez les moules aux deux tiers.

❒ Enfournez pour 20 minutes, jusqu'à ce que les muffins soient bien gonflés, dorés à l'extérieur et cuits à l'intérieur. Vérifiez la cuisson avec la pointe d'un couteau : elle doit ressortir sèche.

❒ Sortez les muffins du four, laissez-les refroidir sur une grille, puis dégustez-les tièdes ou froids, accompagnés d'un thé vert.

# MUFFINS AU POTIMARRON ET NOIX DE COCO

**POUR 6 PERSONNES • PRÉPARATION : 10 MIN • CUISSON : 30 MIN**

150 g de farine de blé T55 + 100 g de potimarron bien cuit réduit en purée
60 g de sucre blond + 60 g de noix de coco râpée + 15 cl de lait végétal au choix
40 g d'huile de tournesol + un peu pour les moules + 10 g de poudre levante
(ou levure chimique) + 1 cuil. à soupe de vinaigre de cidre + 1 cuil. à café de vanille liquide
ou en poudre + 1 pincée de bicarbonate alimentaire + 1 pincée de sel

❒ Préchauffez le four à 180 °C (th. 6).

❒ Mettez dans un saladier la farine, le sucre, la noix de coco, la poudre levante, le bicarbonate et le sel. Dans un bol, mélangez le potimarron, le lait, l'huile, le vinaigre et la vanille. Mêlez les deux préparations.

❒ Répartissez la pâte dans des moules à muffins légèrement huilés et enfournez pour 5 minutes. Baissez ensuite la température du four à 160 °C (th. 5-6), puis laissez cuire 25 minutes.

❒ Vérifiez la cuisson en piquant le cœur d'un muffin avec un couteau fin ou un cure-dents : les gâteaux sont cuits lorsque la lame ressort sèche. Laissez refroidir avant de démouler.

# MUFFINS CITRON-PAVOT

**POUR 4 PERSONNES • PRÉPARATION : 15 MIN • CUISSON : 20 MIN**

100 g de farine de riz + 50 g de fécule de maïs + 3 œufs + 4 cuil. à soupe de miel
1 citron bio + 10 cl de lait végétal + 3 cuil. à soupe d'huile de coco
2 cuil. à soupe de graines de pavot + ½ sachet de levure chimique

❒ Préchauffez le four à 180 °C (th. 6).

❒ Prélevez les zestes du citron avec un économe. Pressez le fruit.

❒ Dans un bol, mélangez l'huile de coco et le miel, ajoutez les œufs et le lait, puis le jus de citron et remuez bien.

❒ Dans un autre bol, mélangez les graines de pavot, la farine, la fécule de maïs, la levure et les zestes de citron. Ajoutez à la première préparation sans trop mélanger.

❒ Versez dans des moules à muffins et enfournez pour 20 minutes.

# PETITS MOELLEUX VEGAN AUX FRUITS ROUGES

**POUR 6 PERSONNES • PRÉPARATION : 5 MIN • CUISSON : 25 MIN**

200 g de farine T65 + 150 g de fruits rouges frais ou surgelés + 100 g de compote de pommes non sucrée + 100 g de sucre blond + 40 g de purée d'amandes blanches (au rayon bio) + 20 cl de lait végétal au choix + 1 cuil. à soupe de vinaigre de cidre ou de jus de citron + 2 cuil. à café de poudre levante (ou levure chimique) ½ cuil. à café de bicarbonate alimentaire + 1 pincée de sel + Huile pour le moule

❒ Préchauffez le four à 180 °C (th. 6).

❒ Battez dans un saladier, au fouet, le lait végétal, la compote, la purée d'amandes, le vinaigre de cidre, ou le jus de citron, et le sucre. Incorporez la poudre levante, le bicarbonate, le sel et la farine, puis ajoutez les fruits rouges.

❒ Répartissez la préparation dans de petits moules à muffins ou à mini-cakes légèrement huilés.

❒ Enfournez pour 25 minutes. Laissez refroidir avant de démouler.

# MOELLEUX À LA VANILLE, CŒUR DE CAFÉ

**POUR 6 PERSONNES • PRÉPARATION : 10 MIN • CUISSON : 20 MIN**

20 cl de crème glacée au café + 1 gousse de vanille + 3 œufs + 2 yaourts brassés
2 pots de yaourt de sucre en poudre + 20 g de beurre pour le moule
3 pots de yaourt de farine + 20 g pour les moules + ½ sachet de levure chimique
1 pincée de sel

❒ Préchauffez le four à 180 °C (th. 6). Versez les yaourts dans une jatte, conservez un des deux pots pour servir de mesure. Ajoutez le sucre, le sel, la farine et la levure, mélangez vigoureusement. Incorporez les œufs un à un. Fendez en deux la gousse de vanille et grattez l'intérieur avec la pointe d'un couteau pour récupérer les graines. Ajoutez-les dans la préparation.

❒ Beurrez et farinez 6 moules individuels. Répartissez-y la moitié de la pâte. Détaillez la crème glacée en 6 portions et déposez-les au centre des moules. Recouvrez avec le reste de pâte. Ne remplissez pas les moules davantage qu'aux deux tiers de leur hauteur. Enfournez aussitôt, pour 20 minutes.

❒ Sortez du four et démoulez immédiatement dans les assiettes de service.

# MADELEINES VEGAN

**POUR 12 MADELEINES • PRÉPARATION : 5 MIN • CUISSON : 8 À 10 MIN**

100 g de farine de blé T65 + 40 g de fécule de maïs ou de pomme de terre 30 g de sucre blond ou complet + 8 cuil. à soupe de lait végétal au choix + 6 cuil. à soupe d'huile d'olive ou de tournesol + un peu pour le moule + 2 cuil. à soupe de sirop d'agave ou d'érable + 1 cuil. à soupe de vinaigre de cidre ou de jus de citron jaune + 1 cuil. à café de bicarbonate alimentaire + 1 cuil. à café de poudre levante

❒ Préchauffez le four à 200 °C (th. 6-7). Placez le moule à madeleines au congélateur.

❒ Mélangez tous les ingrédients dans un saladier. Huilez le moule et répartissez-y la pâte.

❒ Enfournez pour 8 à 10 minutes. Laissez tiédir, voire refroidir avant de démouler.

# MUG CAKE CARAMEL AU BEURRE SALÉ

**POUR 1 PERSONNE • PRÉPARATION : 5 MIN • CUISSON : 1 MIN 30 S**

1 œuf + 1 cuil. à soupe de beurre + 1 cuil. à soupe de lait + 3 cuil. à soupe de caramel au beurre salé + 1 cuil. à soupe de farine + 2 cuil. à café de sucre

❒ Dans un mug, faites fondre le beurre au four à micro-ondes pendant 30 secondes.

❒ Cassez l'œuf, puis versez le caramel. Mélangez le tout doucement afin d'obtenir une pâte moelleuse.

❒ Ajoutez la farine, le sucre et le lait un par un, en mélangeant entre chaque ingrédient.

❒ Faites chauffer le mug 1 minute au four à micro-ondes.

# ROCHERS AU COCO

**POUR 4 PERSONNES • PRÉPARATION : 10 MIN • REPOS : 30 MIN • CUISSON : 12 MIN**

180 g de noix de coco en poudre + 120 g de sucre en poudre
2 blancs d'œufs (60 g environ) + 1 cuil. à soupe de Malibu®

❒ Mettez les blancs d'œufs dans un saladier et fouettez-les rapidement, pour les homogénéiser. Ajoutez la noix de coco, le sucre en poudre et le Malibu®. Mélangez le tout à la cuillère.

❒ Préchauffez le four à 190 °C (th. 6-7). Remplissez un verre à liqueur de pâte jusqu'à 1 cm du bord, tassez bien avec le dos d'une petite cuillère. Retournez le verre, puis tapez-le sur le plan de travail pour en faire tomber le contenu. Recommencez autant de fois que nécessaire pour utiliser toute la pâte à la noix de coco.

❒ Disposez-les sur une plaque recouverte de papier sulfurisé et enfournez pour 12 minutes environ : le temps de cuisson dépend de la taille des rochers, ils doivent être joliment dorés pour être cuits à point.

❒ Laissez refroidir les rochers avant de les déguster.

# BISCUITS MACARONS

**POUR 4 PERSONNES • PRÉPARATION : 20 MIN • REPOS : 20 MIN • CUISSON : 12 MIN**

2 blancs d'œufs + 210 g de poudre d'amandes + 210 g de sucre glace
1 cuil. à soupe de cacao en poudre

❒ Préchauffez le four à 190 °C (th. 6-7). Mélangez dans un saladier les blancs d'œufs, la poudre d'amandes et 180 g de sucre glace jusqu'à obtenir une pâte homogène et un peu collante.

❒ Séparez cette pâte en deux. Ajoutez 1 cuillerée à soupe de sucre glace dans la première moitié et le cacao en poudre dans l'autre, puis mélangez chacune d'elles.

❒ Prenez, dans chaque pâte, l'équivalent d'une grosse noisette et écrasez les deux ensemble de manière à obtenir une boulette bicolore de la taille d'une grosse noix. Aplatissez-la légèrement de la paume des mains pour former un galet.

❒ Déposez le biscuit obtenu sur une plaque recouverte de papier sulfurisé et recommencez jusqu'à épuisement des deux pâtes. Enfournez pour 12 minutes. Sortez du four et laissez complètement refroidir avant de déguster.

# SABLÉS SHORTBREAD AU CHOCOLAT

**POUR 4 PERSONNES • PRÉPARATION : 15 MIN • REPOS : 30 MIN • CUISSON : 12 MIN**

150 g de farine + 60 g de vergeoise (ou de sucre roux) + 90 g de beurre demi-sel
60 g de chocolat noir

❒ Râpez le chocolat. Versez la farine et la vergeoise dans un saladier. Coupez le beurre en petits morceaux et incorporez-les à la farine du bout des doigts. Ajoutez 2 cuillerées à soupe d'eau et le chocolat, puis mélangez le tout jusqu'à former une pâte.

❒ Étalez la pâte de manière à former un carré de 20 cm de côté. Emballez la pâte dans du film alimentaire et mettez-la au frais pour une trentaine de minutes.

❒ Préchauffez le four à 180 °C (th. 6). Étalez la pâte de manière à obtenir un carré de 7 à 8 mm d'épaisseur. Découpez des carrés de pâte de 4 cm de côté et déposez-les sur une plaque recouverte d'une feuille de papier sulfurisé. Enfournez pour 12 minutes environ.

❒ Sortez les sablés du four et faites-les glisser sur une grille pour les laisser refroidir avant de les déguster.

# SABLÉS LICORNE

**POUR 15 SABLÉS ENVIRON • PRÉPARATION : 10 MIN • RÉFRIGÉRATION : 4 H**

200 g de purée d'amandes + 100 g de farine de coco + 50 g de sirop d'agave
2 cuil. à soupe de poudre de myrtilles

❒ Mélangez dans un saladier la farine de coco et la poudre de myrtilles. Ajoutez la purée d'amandes et le sirop d'agave, puis mélangez bien. Ajoutez 10 g d'eau et malaxez la pâte avec les mains. Formez une boule.

❒ Étalez la pâte à l'aide d'un rouleau à pâtisserie entre deux feuilles de papier sulfurisé pour que la pâte ne colle pas au rouleau.

❒ Découpez dans la pâte des formes avec un emporte-pièce licorne et placez-les sur une plaque ou une grande assiette plate recouverte de papier sulfurisé. Placez les sablés au frais pour au moins 4 heures avant de les déguster.

# COOKIES AU BLÉ COMPLET ET NOIX DE PÉCAN

**POUR 6 PERSONNES • PRÉPARATION : 20 MIN • CUISSON : 15 MIN**

100 g de farine complète + 50 g de farine blanche + 70 g de sucre roux
70 g de beurre mou + 1 œuf + 50 g de noix de pécan + 1 cuil. à soupe de son d'avoine
1 sachet de sucre vanillé + ½ sachet de levure chimique + Sel

❒ Hachez grossièrement les noix de pécan. Préchauffez le four à 180 °C (th. 6).

❒ Travaillez le beurre mou, l'œuf, le sucre roux et le sucre vanillé à l'aide d'un fouet électrique. Ajoutez le son d'avoine, la farine complète et la farine blanche, la levure, une pincée de sel et les noix de pécan hachées.

❒ Disposez de petits tas de pâte sur une plaque à pâtisserie garnie de papier sulfurisé, en les espaçant suffisamment. Faites cuire 12 minutes au four. Laissez refroidir sur une grille et dégustez froid.

# COOKIES AU QUINOA

**POUR 6 PERSONNES (15 COOKIES ENVIRON) • PRÉPARATION : 20 MIN**

**CUISSON : 12 MIN PAR FOURNÉE**

100 g de quinoa cuit + 250 g de farine + 125 g de beurre mou (mais pas fondu) + 120 g de sucre en poudre + 1 œuf + 80 g de pépites de chocolat noir (ou au lait, au caramel, blanc, etc.) + Sel

❒ Préchauffez le four à 200 °C (th. 6-7).

❒ Dans un saladier, mettez le beurre et le sucre. Fouettez jusqu'à obtenir une consistance crémeuse. Battez l'œuf en omelette et ajoutez-le. Fouettez à nouveau. Ajoutez la farine et une pincée de sel. Mélangez à l'aide d'une grande cuillère. Ajoutez le quinoa, remuez. Ajoutez enfin le chocolat et mélangez encore un peu.

❒ Recouvrez deux plaques allant au four de papier sulfurisé. À l'aide d'une cuillère à café, réalisez des boules (15 environ). Déposez-les sur les plaques en les aplatissant légèrement et en les espaçant suffisamment (la pâte s'étale un peu en cuisant).

❒ Mettez une plaque au four et laissez cuire 12 minutes environ. Sortez la plaque du four et déposez les cookies sur une assiette. Recommencez la même opération avec la seconde plaque. Dégustez tiède.

# ROSES DES SABLES LÉGÈRES

**POUR 30 MINI-ROSES ENVIRON • PRÉPARATION : 20 MIN**

**CONGÉLATION : 1 H**

150 g de yaourt nature + 3 cuil. à café de sucre en poudre + 1 cuil. à café de poudre de fraises
1 cuil. à café de poudre de myrtilles + 3 poignées de pétales de maïs soufflé + 1 cuil. à café de graines de sésame noir et blanc + 1 cuil. à café de poudre d'or alimentaire

❒ Mélangez le yaourt avec le sucre en poudre, puis répartissez-le dans 3 petits bols.

❒ Ajoutez la poudre de fraises dans un bol et la poudre de myrtilles dans un autre. Ajoutez les pétales de maïs émiettés dans les 3 bols et mélangez.

❒ Déposez de petits tas dans des mini-caissettes, saupoudrez de graines de sésame noir et blanc et de poudre d'or, puis placez au congélateur pour 1 heure.

# GÂTEAU MARBRÉ CHOCO-VANILLE

**POUR 8 PERSONNES • PRÉPARATION : 20 MIN • CUISSON : 45 MIN**

3 œufs + 5 cuil. à soupe de lait demi-écrémé + 75 g de margarine spécial cuisson 1 noix pour le moule + 50 g de chocolat noir à 70 % de cacao + 180 g de farine 75 g de sucre blond de canne en poudre + 1 sachet (2 cuil. à café) de poudre à lever sans phosphates + 1 cuil. à café de vanille en poudre + quelques gouttes d'extrait de vanille liquide + Sel

❒ Préchauffez le four à 180 °C (th. 6). Dans un saladier, travaillez la margarine avec le sucre jusqu'à ce que le mélange soit mousseux.

❒ Séparez les blancs des jaunes d'œufs. Ajoutez les jaunes à la margarine. Mélangez dans un bol la farine et la levure, puis ajoutez-les petit à petit à la préparation précédente. Versez 3 cuillerées à soupe de lait et remuez.

❒ Versez les deux tiers de la pâte dans un autre saladier et parfumez-la avec la poudre et l'extrait de vanille.

❒ Au bain-marie, faites fondre le chocolat avec le lait restant et incorporez-le au tiers de pâte restant.

❒ Montez les blancs en neige au batteur électrique avec une pincée de sel. Incorporez les deux tiers des blancs en neige à la pâte vanillée, en mélangeant délicatement avec une spatule en bois. Ajoutez le reste des blancs à la pâte chocolatée et mélangez pareillement.

❒ Graissez un moule à cake de 1 litre puis versez les deux pâtes obtenues en alternant une bonne couche de pâte vanillée et une petite couche de pâte chocolatée et ce deux fois. Enfournez pour 45 minutes environ. Vérifiez la cuisson en piquant le gâteau avec la pointe d'un couteau : elle doit ressortir sèche. Laissez-le refroidir avant de démouler.

# QUATRE-QUARTS AU CITRON VERT ET AU FROMAGE BLANC

**POUR 6 PERSONNES • PRÉPARATION : 20 MIN • CUISSON : 35 MIN**

175 g de farine + un peu pour le moule + 150 g de fromage blanc
2 citrons verts non traités + 120 g de rapadura + 3 œufs + 7 cl de beurre fondu + un peu pour le moule + 1 sachet de levure chimique

❒ Préchauffez le four à 180 °C (th. 6). Lavez et séchez les citrons verts, et prélevez les zestes avec un économe, en veillant à ne garder que le vert. Pressez les citrons verts pour extraire le jus.

❒ Cassez les œufs dans un saladier, puis ajoutez le fromage blanc. Mélangez bien à l'aide d'un fouet jusqu'à ce que la préparation soit homogène. Ajoutez ensuite le beurre fondu et le jus de citron vert, puis mélangez de nouveau.

❒ Dans un second saladier, versez la farine, le rapadura et la levure, et mélangez avec une cuillère en bois. Creusez un puits et ajoutez petit à petit la première préparation en mélangeant avec la cuillère en bois, puis avec le fouet jusqu'à ce que l'appareil soit bien lisse.

❒ Beurrez et farinez un moule à manqué et versez-y la préparation. Enfournez pour 35 minutes. Vérifiez la cuisson en enfonçant la pointe d'un couteau dans le gâteau. Si elle ressort sèche, le gâteau est cuit.

# PAIN D'ÉPICE SANS ŒUFS ET SANS MATIÈRE GRASSE

**POUR 8 PERSONNES • PRÉPARATION : 20 MIN • CUISSON : 50 MIN**

250 g de farine de seigle + 1 cuil. à soupe pour le moule + 15 cl de lait écrémé
150 g de miel de lavande + 1 sachet de levure chimique + 1 cuil. à café de bicarbonate
1 cuil. à soupe d'épices à pain d'épice + 10 g de beurre (pour le moule)

❒ Préchauffez le four à 150 °C (th. 5).

❒ Mettez le lait dans une casserole et faites-le chauffer à feu doux. Quand il est chaud, ajoutez le miel et mélangez bien avec une cuillère en bois pour le dissoudre.

❒ Mettez la farine de seigle, le bicarbonate, la levure et les épices à pain d'épice dans un grand saladier et mélangez avec la cuillère en bois. Versez doucement le lait au miel sans cesser de remuer jusqu'à ce que la pâte soit bien lisse et homogène.

❒ Beurrez et farinez un moule à cake, puis versez-y la pâte et enfournez pour 50 minutes. Sortez du four et laissez refroidir sur une grille. Démoulez lorsque le pain d'épice est froid.

# DÉLICIEUX AU CHOCOLAT

**POUR 6 PERSONNES • PRÉPARATION : 5 MIN • CUISSON : 40 MIN**

200 g de chocolat noir + 200 g de beurre + un peu pour le moule + 6 œufs
150 g de sucre en poudre + 100 g de farine

❒ Faites fondre le beurre et le chocolat au four à micro-ondes 1 min 30. Mélangez bien. (Si vous n'avez pas de micro-ondes, vous pouvez faire cette préparation au bain-marie.)

❒ Ajoutez le sucre et mélangez de nouveau. Incorporez la farine, mélangez encore, puis ajoutez les œufs et mélangez 3 minutes : la pâte doit être onctueuse.

❒ Beurrez un moule et versez la pâte dedans. Mettez au four, non préchauffé, et laissez cuire 40 minutes à 160 °C (th. 5-6).

# FONDANT À LA RHUBARBE

**POUR 6 PERSONNES • PRÉPARATION : 15 MIN • CUISSON : 40 MIN**

500 g de rhubarbe + 2 œufs + 60 g de poudre d'amandes + 20 g d'amandes effilées
40 g de farine de riz complet + 60 g de sucre complet (rapadura)
1 noix de margarine spécial cuisson

❒ Préchauffez le four à 180 °C (th. 6).

❒ Coupez les extrémités des tiges de rhubarbe, puis pelez-les et taillez-les en tronçons. Mettez-les dans une casserole, mouillez avec un peu d'eau et ajoutez le sucre. Couvrez et faites cuire à feu doux 10 minutes environ, jusqu'à l'obtention d'une compote. Ôtez du feu et versez dans un saladier. Ajoutez la poudre d'amandes.

❒ Dans une jatte, fouettez les œufs et la farine, puis ajoutez-les à la préparation précédente.

❒ Versez la préparation dans un moule à gratin préalablement graissé. Enfournez pour 30 minutes environ. Servez tiède, parsemé d'amandes .

# ROULÉ À LA CONFITURE

**POUR 6 PERSONNES • PRÉPARATION : 10 MIN • CUISSON : 15 À 20 MIN**

4 œufs + 100 g de sucre en poudre + 1 sachet de sucre vanillé + 1 pincée de sel
50 g de fécule de maïs + 50 g de fécule de pomme de terre + 1 cuil. à café de levure sans gluten (facultatif)

**Pour la garniture :** Confiture, au choix

❒ Préchauffez le four à 210 °C (th. 7). Mélangez les jaunes d'œufs au fouet avec les sucres et le sel pendant 3 minutes au moins. Ajoutez les fécules et la levure. Montez les blancs en neige et incorporez-les délicatement au mélange précédent.

❒ Versez la pâte sur une plaque tapissée de papier sulfurisé. Enfournez pour 15 à 20 minutes en baissant la température à 180 °C (th. 6).

❒ Sortez-la et renversez-la sur un torchon mouillé. Enlevez le papier, étalez de la confiture sur le gâteau et roulez-le immédiatement. Réservez à température ambiante avant de servir.

# GÂTEAU AU YAOURT

**POUR 10 PERSONNES • PRÉPARATION : 15 MIN • CUISSON : 35 MIN**

120 g de beurre frais doux + 220 g de sucre de canne + 3 œufs + 150 g de farine de blé bio T55 + 70 g de fécule d'avoine ou de pommes de terre + 70 g de poudre d'amandes ½ sachet de levure chimique + 1 pot de yaourt nature, soit 125 g + 5 cl d'huile neutre + Sel

❒ Préchauffez le four à 180 °C (th. 6). Faites fondre le beurre et versez le sucre dessus. Mélangez à la spatule et laissez reposer.

❒ Séparez les blancs des jaunes d'œufs. Montez les blancs en neige, à mi-chemin, ajoutez une pincée de sel pour les rendre fermes. Réservez dans un bol au frais.

❒ Dans le bol d'un robot, mettez farine, fécule, poudre d'amandes et levure. Mélangez à vitesse lente jusqu'à obtenir une texture de sable fin homogène. Formez un creux et ajoutez les jaunes d'œufs, le beurre sucré, l'huile et le yaourt. Mélangez durant 3 minutes à vitesse moyenne. Ajoutez délicatement les blancs en neige.

❒ Remplissez un moule à cake rectangulaire préalablement tapissé de papier sulfurisé. Placez au milieu du four préchauffé et faites cuire 45 minutes environ.

# BROWKIE

**POUR 6 À 8 PERSONNES • PRÉPARATION : 40 MIN • CUISSON : 30 MIN**

140 g de chocolat noir + 80 g de beurre + 100 g de sucre roux en poudre
2 petits œufs + 60 g de farine

**Pour la pâte à cookies :** 70 g de beurre + 90 g de sucre roux en poudre + 1 petit œuf
150 g de farine + 1 cuil. à soupe de levure chimique + 30 g d'amandes effilées

❒ Préchauffez le four à 180 °C (th. 6). Hachez grossièrement le chocolat noir. Mettez-le avec le beurre dans un saladier, faites-les fondre au four à micro-ondes ou au bain-marie, puis lissez le mélange.

❒ Battez le sucre roux et les œufs dans un autre saladier jusqu'à l'obtention d'un mélange mousseux. Ajoutez le mélange chocolaté et battez l'ensemble. Tamisez la farine au-dessus du saladier et incorporez-la. Versez la pâte dans un moule tapissé de papier sulfurisé.

❒ Préparez la pâte à cookies. Mélangez le beurre et le sucre dans un saladier. Ajoutez l'œuf et mélangez de nouveau, puis incorporez la farine et la levure. Ajoutez 20 g d'amandes effilées et mélangez délicatement.

❒ Étalez à la main cette pâte sur celle du brownie, puis saupoudrez le tout avec le reste d'amandes effilées. Enfournez et laissez cuire pendant 30 minutes.

# CAKE AUX FRUITS SECS

**POUR 8 PERSONNES • PRÉPARATION : 20 MIN • CUISSON : 40 MIN**

250 g de farine + un peu pour le moule + 200 g de fruits secs et graines de votre choix (cranberries, amandes, graines de courge...) + 75 g de beurre + un peu pour le moule
70 g de sucre + 3 œufs + 6 cl de lait demi-écrémé + 1 sachet de levure chimique
1 gousse de vanille

❒ Préchauffez le four à 180 °C (th. 6).

❒ Sortez le beurre du réfrigérateur 1 heure avant la préparation. Sinon, faites-le ramollir (mais pas fondre) quelques secondes au four à micro-ondes. Mélangez-le avec le sucre à l'aide d'une cuillère en bois. Ajoutez les œufs et mélangez avec un fouet.

❒ Fendez la gousse de vanille en deux et prélevez-en les graines en grattant l'intérieur avec la pointe d'un couteau. Ajoutez les graines de vanille à la préparation, puis le lait, la farine et la levure. Mélangez bien.

❒ Mettez les fruits secs et les graines dans le saladier, mélangez avec une cuillère en bois.

❒ Beurrez et farinez un moule à cake, puis versez-y la préparation. Enfournez pour 40 minutes. Vérifiez la cuisson en enfonçant la pointe d'un couteau dans le gâteau. Si elle ressort sèche, le gâteau est cuit. Sortez du four, laissez tiédir 10 minutes, puis démoulez et laissez refroidir sur une grille.

a hand prin

# GÂTEAU MAGIQUE AUX MYRTILLES

**POUR 6 PERSONNES • PRÉPARATION : 20 MIN • CUISSON : 45 MIN**

4 œufs + 130 g de farine de riz + 40 g de beurre + 50 cl de lait demi-écrémé
40 g de sucre en poudre + 1 sachet de sucre vanillé + 4 cuil. à soupe d'édulcorant à base de sucralose + 200 g de myrtilles + 1 pincée de sel

❒ Séparez les jaunes d'œufs des blancs. Battez les jaunes avec le sucre en poudre jusqu'à ce que le mélange blanchisse. Ajoutez le sucre vanillé, la farine de riz, le beurre fondu, l'édulcorant et le lait tiède.

❒ Essuyez délicatement les myrtilles avec du papier absorbant.

❒ Préchauffez le four à 120 °C (th. 4). Montez les blancs en neige très ferme, avec le sel. Incorporez-les à la préparation précédente.

❒ Versez dans un moule à manqué de 20 cm de diamètre, garni de papier sulfurisé. Ajoutez les myrtilles. Faites cuire 45 minutes à four doux. Laissez refroidir avant de servir.

# GÂTEAU AU CHOCOLAT

**POUR 6 PERSONNES • PRÉPARATION : 15 MIN • CUISSON : 20 MIN**

180 g de chocolat noir + 120 g de beurre + un peu pour le moule + 125 g de sucre
3 œufs + 60 g de farine + un peu pour le moule

❒ Préchauffez le four à 180 °C (th. 6). Faites fondre le beurre et le chocolat au four à micro-ondes.

❒ Fouettez dans un saladier les œufs et le sucre.

❒ Incorporez le mélange chocolat-beurre, puis la farine.

❒ Versez la pâte dans un moule beurré et fariné de 22 cm de diamètre.

❒ Enfournez pour 20 minutes. Vérifiez la cuisson avec la pointe d'un couteau.

# GÂTEAU INVISIBLE AUX POIRES

**POUR 4 PERSONNES • PRÉPARATION : 15 MIN • CUISSON : 1 H**

1 kg de poires + 120 g de farine tamisée + un peu pour le moule + 120 ml de lait demi-écrémé + 90 g de sucre + 45 g de beurre fondu + un peu pour le moule + 3 œufs 60 g de chocolat noir + 2 cuil. à soupe d'amandes effilées

❐ Préchauffez le four à 190 °C (th. 6-7). Dans un saladier, battez les œufs avec le sucre. Ajoutez le beurre fondu, la farine et le lait, et fouettez l'ensemble jusqu'à obtenir une pâte lisse et homogène.

❐ Pelez les poires et ôtez les trognons. Taillez-les très finement, de préférence à la mandoline. Ajoutez les morceaux à la pâte au fur et à mesure.

❐ Beurrez et farinez un moule à manqué de 20 cm de diamètre environ et versez-y la pâte. Faites cuire pendant 1 heure. Laissez refroidir le gâteau avant de le démouler.

❐ Faites fondre le chocolat juste avant de servir, versez-le sur le gâteau et saupoudrez d'amandes effilées.

# GÂTEAU À L'ANANAS

**POUR 6 PERSONNES • PRÉPARATION : 15 MIN • CUISSON : 40 MIN**

1 ananas frais + 4 œufs + 110 g de beurre doux + 180 g de farine + 130 g de sucre en poudre + 1 cuil. à café de levure chimique + Cerises confites (facultatif)

**Pour le caramel :** 8 morceaux de sucre

❒ Cassez les œufs et séparez les jaunes des blancs. Battez les blancs en neige.

❒ Mélangez les jaunes avec le sucre et travaillez-les jusqu'à ce que le mélange soit mousseux. Faites fondre le beurre, ajoutez-le ainsi que la farine et la levure. Incorporez ensuite les blancs en neige en mélangeant délicatement pour ne pas les casser. Réservez.

❒ Préchauffez le four à 180 °C (th. 6). Préparez un caramel liquide : faites fondre à feu doux les morceaux de sucre avec 1 cuillerée à soupe d'eau en remuant sans arrêt, et en ajoutant de l'eau si le caramel est trop dur ; retirez-le du feu dès qu'il est bien doré et versez-le dans un moule à gâteau ; recouvrez bien les parois de caramel.

❒ Retirez la peau et les yeux de l'ananas et coupez-les en tranches en récupérant le jus. Posez les tranches d'ananas sur le caramel et versez dessus la préparation aux œufs. Enfournez et laissez cuire 30 à 40 minutes : le gâteau est cuit lorsque la lame d'un couteau plongée à cœur en ressort sèche.

❒ Démoulez à la sortie du four avant que le caramel ne durcisse. Une dizaine de minutes avant de servir, versez le jus d'ananas sur le gâteau. Vous pouvez décorer chaque tranche d'ananas d'une cerise confite.

# CRUMBLE POMMES-POIRES

**POUR 6 PERSONNES • PRÉPARATION : 20 MIN • CUISSON : 30 MIN**

3 pommes + 2 poires + 2 cuil. à café de cannelle en poudre + 150 g de fécule de maïs (ou 150 g de farine de maïs + 50 g de farine de riz) + 100 g de sucre roux en poudre et un peu pour les fruits + 1 sachet de sucre vanillé + 100 g de beurre + un peu pour le moule

❒ Préchauffez le four à 210 °C (th. 7). Pelez et découpez les pommes et les poires en petits morceaux.

❒ Disposez les fruits dans un moule à tarte beurré. Saupoudrez 1 cuillerée à café de cannelle et 1 cuillerée à café de sucre, mélangez délicatement. Enfournez pour 5 minutes afin que les fruits commencent à fondre.

❒ Dans un saladier, mélangez la fécule (ou la farine), les sucres, le reste de cannelle et le beurre en morceaux. Travaillez du bout des doigts pour former une pâte grossière et friable.

❒ Sortez le plat du four, mélangez les fruits et parsemez-les de pâte à crumble.

❒ Baissez la température du four à 180 °C (th. 6) et enfournez pour 25 minutes environ.

# BROWNIE

**POUR 6 PERSONNES • PRÉPARATION : 10 MIN • CUISSON : 15 À 20 MIN**

250 g de chocolat noir + 150 g de beurre salé + 150 g de sucre en poudre, roux de préférence + 4 œufs + 2 cuil. à soupe bombées de fécule de maïs ou de farine sans gluten (ici, de riz) + 150 g de cerneaux de noix concassés

❐ Préchauffez le four à 210 °C (th. 7). Cassez le chocolat noir dans un récipient en verre et versez 1 cuillerée à soupe d'eau. Ajoutez le beurre en morceaux et faites fondre 1 à 2 minutes au four à micro-ondes. Mélangez doucement avec une cuillère en bois. Versez le sucre.

❐ Ajoutez les œufs un à un. Mélangez à chaque fois.

❐ Versez la farine (ou la fécule), puis les cerneaux de noix. Goûtez et ajustez en sucre selon votre goût.

❐ Enfournez pour 15 à 20 minutes, puis baissez la température à 170 °C (th. 5-6) à mi-cuisson. Le gâteau doit être mi-cuit, car il se raffermit en refroidissant.

# GÂTEAU AU CITRON

**POUR 6 PERSONNES • PRÉPARATION : 25 MIN • CUISSON : 35 MIN**

120 g de quinoa + 2 citrons bio ou non traités + 80 g de sucre de canne + 3 œufs

❒ Rincez bien le quinoa puis déposez-le dans une casserole d'eau. Portez à ébullition, baissez le feu et laissez cuire 10 minutes à couvert et sur feu doux. Retirez du feu et laissez reposer 10 minutes. Égouttez-le.

❒ Préchauffez le four à 210 °C (th. 7). Séparez les blancs des jaunes d'œufs. Fouettez les jaunes avec le sucre. Ajoutez le quinoa. Mélangez.

❒ Lavez les citrons. Séchez-les. Râpez leurs zestes et pressez le jus de l'un d'entre eux. Ajoutez le jus et les zestes au mélange au quinoa. Remuez.

❒ Montez les blancs en neige. Incorporez-les alors délicatement au mélange de quinoa.

❒ Versez la préparation dans un moule à manqué chemisé de papier sulfurisé. Tassez bien. Glissez au four et laissez cuire 20 minutes.

# MUG CLAFOUTIS

**POUR 1 PERSONNE • PRÉPARATION : 6 MIN • CUISSON : 1 MIN 30 S**

½ pêche + 1 œuf + 3 cuil. à soupe de lait + 1 cuil. à soupe de farine + 2 cuil. à soupe de sucre
1 cuil. à café de sucre vanillé

- Cassez l'œuf dans un mug et fouettez énergiquement.
- Ajoutez la farine, le sucre, le lait et le sucre vanillé, en mélangeant bien entre chaque ingrédient.
- Épluchez ½ pêche mûre et coupez-la en petits morceaux que vous mettrez dans le mug. Mélangez tout doucement.
- Faites cuire 1 minute et 30 secondes au four à micro-ondes.

# CLAFOUTIS QUINOA POMMES-CERISES

**POUR 6 PERSONNES • PRÉPARATION : 15 MIN • CUISSON : 45 MIN**

150 g de quinoa + 2 œufs + 40 cl de lait ou de lait d'amande + 2 sachets de sucre vanillé
50 g de sucre en poudre (brun de préférence) + 130 g de cerises surgelées
2 pommes + 30 g de beurre

- Préchauffez le four à 180 °C (th. 6).
- Rincez plusieurs fois le quinoa. Beurrez un moule à clafoutis.
- Fouettez les œufs avec les sucres puis ajoutez le lait et fouettez à nouveau. Ajoutez le quinoa, mélangez et versez dans le moule. Remuez encore un peu à l'aide d'une spatule.
- Épluchez les pommes, retirez le cœur et les pépins puis coupez-les en petits morceaux. Déposez-les dans le plat avec les cerises surgelées.
- Mettez au four et laissez cuire 45 minutes environ. Dégustez tiède ou froid.

# CLAFOUTIS AUX ABRICOTS

**POUR 4 PERSONNES • PRÉPARATION : 5 MIN • CUISSON : 25 MIN**

200 g d'abricots dénoyautés + 20 g de purée d'amandes blanches (au rayon bio)
25 cl de lait d'amande + 50 g de sucre blond + 50 g de farine de blé T65
40 g de poudre d'amandes + 20 g de fécule de maïs + Huile pour le moule

❒ Préchauffez le four à 200 °C (th. 6-7).

❒ Répartissez les abricots dans un moule légèrement huilé de 18 cm de diamètre.

❒ Mélangez dans un bol, au fouet, la purée d'amandes avec le lait, le sucre, la fécule et la poudre d'amandes. Versez la farine en pluie et mélangez à nouveau.

❒ Répartissez la préparation sur les abricots puis enfournez pour 25 minutes. Laissez refroidir avant de servir.

# CLAFOUTIS-PUDDING TOUT ORANGE

**POUR 6 PERSONNES • PRÉPARATION : 20 MIN • TREMPAGE : 1 H**
**CUISSON : 30 À 35 MIN**

2 œufs entiers + 2 jaunes + Beurre pour le moule + 20 cl de crème liquide entière
20 cl de jus d'orange frais + 50 g de gros raisins secs + 60 g d'écorces d'orange confites
150 g de biscuits à la cuillère + 40 g de fécule de maïs + 100 g de sucre en poudre
Sucre glace pour servir + 5 cl de Grand Marnier® ou de Cointreau + 1 pincée de sel

❒ Faites tremper les raisins pendant 1 heure dans un bol d'eau bouillante, puis égouttez-les. Hachez finement les écorces d'orange et coupez les biscuits en gros morceaux au couteau. Réunissez-les dans un grand bol et versez le jus d'orange. Remuez délicatement avec une spatule.

❒ Préchauffez le four à 180 °C (th. 6). Beurrez largement un moule rond de 5 cm de haut et 26 cm de diamètre.

❒ Battez les œufs entiers avec les jaunes, le sel et le sucre, puis incorporez progressivement la fécule, la crème et la liqueur, en fouettant, jusqu'à l'obtention d'une consistance lisse et fluide. Versez cette pâte sur les biscuits à l'orange et mélangez bien.

❒ Remplissez le moule, puis égalisez la surface avec le dos d'une cuillère. Enfournez et faites cuire 30 à 35 minutes, jusqu'à ce que la surface soit bien dorée. Laissez tiédir ou refroidir et saupoudrez de sucre glace au moment de servir.

# PÊCHES ET NECTARINES AU MIEL DE FLEUR D'ORANGER

**POUR 6 PERSONNES • PRÉPARATION : 20 MIN • CUISSON : 40 MIN**

1,2 kg de pêches jaunes, de nectarines, ou d'un mélange des deux + 6 petits œufs
80 g de beurre + un peu pour le moule + 60 cl de lait + 60 g de farine
120 g de sucre en poudre + 2 cuil. à soupe pour le moule + 150 g de poudre d'amandes
80 g de miel de fleur d'oranger + 1 pincée de sel

❒ Épluchez les pêches après les avoir ébouillantées 30 secondes. Coupez-les en quartiers autour des noyaux, ainsi que les nectarines. Jetez les noyaux.

❒ Versez le lait et la poudre d'amandes dans une casserole. Amenez à ébullition, puis retirez du feu, couvrez et laissez infuser. Quand le mélange est tiède, ajoutez le miel et remuez jusqu'à ce qu'il soit complètement fondu.

❒ Préchauffez le four à 210 °C (th. 7). Beurrez un moule rond de 24 à 26 cm de diamètre. Saupoudrez l'intérieur de sucre en poudre et disposez les fruits en cercles concentriques.

❒ Cassez les œufs dans un bol et battez-les rapidement avec le sel. Faites fondre le beurre à feu doux.

❒ Mélangez la farine et le sucre dans un grand bol. Sans cesser de remuer, incorporez progressivement les œufs, puis versez lentement le lait au miel et aux amandes. Ajoutez enfin le beurre encore chaud et mélangez bien.

❒ Versez la pâte sur les fruits. Enfournez pour 40 minutes environ, en baissant la température du four à 180 °C (th. 6) après 10 minutes de cuisson. Servez tiède.

# PETITS CLAFOUTIS POIRE-AMANDES

**POUR 4 PERSONNES • PRÉPARATION : 10 MIN • CUISSON : 25 MIN**

2 belles poires + 2 œufs + 30 cl de lait demi-écrémé (ou de lait d'amande)
40 g de farine complète (T80) + 2 cuil. à soupe de sucre blond de canne
25 g de poudre d'amandes + Quelques amandes effilées (facultatif) + 2 gouttes d'extrait d'amande amère (facultatif) + 1 filet d'huile pour les moules + 1 pincée de sel gris

❒ Préchauffez le four à 180 °C (th. 6).

❒ Lavez les poires, puis pelez-les, épépinez-les et émincez-les en lamelles. Huilez au pinceau 4 moules individuels de 10 cm de diamètre, puis répartissez-y les lamelles de poire.

❒ Dans un saladier, mélangez la farine, la poudre d'amandes et le sel gris. Cassez les œufs au centre, ajoutez le sucre et remuez à la spatule en bois. Délayez avec le lait et, si vous le souhaitez, ajoutez l'extrait d'amande.

❒ Versez cette préparation sur les poires, puis parsemez éventuellement de quelques amandes effilées. Enfournez pour 25 minutes. Servez les clafoutis tièdes ou froids.

# CLAFOUTIS À LA RHUBARBE

**POUR 6 PERSONNES • PRÉPARATION : 15 MIN • CUISSON : 45 MIN**

500 g de rhubarbe + 2 pommes + 3 œufs bio ou de plein air + 120 g de sucre de canne blond
100 g de farine de blé T65 ou T80 + 40 cl de lait (ou de lait d'amande) + Beurre pour le moule

- Préchauffez le four à 180 °C (th. 6). Beurrez un moule à gratin.
- Nettoyez les tiges de rhubarbe et épluchez-les en tirant les fibres avec un petit couteau. Coupez les tiges en tronçons de 3 cm. Pelez les pommes, ôtez les trognons et coupez la chair en morceaux.
- Répartissez les fruits dans le moule.
- Dans un saladier, versez la farine et le sucre et mélangez. Faites un puits et incorporez les œufs en travaillant la pâte énergiquement avec une cuillère en bois. Délayez en versant petit à petit le lait. Versez la préparation sur les fruits et enfournez pour 40 à 45 minutes.
- Dégustez le clafoutis à la rhubarbe tiède ou froid selon votre goût.

# PETITS GÂTEAUX AU FROMAGE BLANC

**POUR 4 PERSONNES • PRÉPARATION : 15 MIN • CUISSON : 40 MIN**

5 œufs + 500 g de fromage blanc en faisselle (chez le crémier du marché)
1 verre de lait + 20 g de beurre + 1 citron bio + 175 g de sucre en poudre
125 g de farine + 1 sachet de sucre vanillé

- Préchauffez le four à 180 °C (th. 6).
- Lavez le citron et prélevez son zeste, puis pressez-le pour en exprimer tout le jus. Réservez.
- Beurrez un plat à soufflé.
- Cassez les œufs en séparant les jaunes des blancs dans deux saladiers. Ajoutez aux jaunes le sucre en poudre et mélangez bien jusqu'à ce que la préparation blanchisse. Ajoutez ensuite le fromage blanc, le jus et le zeste du citron, la farine, le lait et le sucre vanillé. Remuez bien.
- Battez les blancs en neige bien ferme et incorporez-les à la préparation précédente. Versez le tout dans le plat à soufflé, enfournez et laissez cuire 40 minutes (15 minutes pour des ramequins individuels).

# TIRAMISU AUX SPÉCULOOS

**POUR 4 À 6 PERSONNES • PRÉPARATION : 10 MIN**

**RÉFRIGÉRATION : 2 H**

150 g de spéculoos vegan + 230 g de tofu ferme nature + 200 g de crème végétale au choix + 30 g de sucre blond ou complet + 15 cl de lait végétal au choix 1 tasse de café froid + 3 g d'agar-agar + 1 cuil. à café d'extrait naturel de vanille Cacao en poudre dégraissé non sucré

❒ Versez le lait et l'agar-agar dans une petite casserole et portez doucement à ébullition. Coupez le feu et versez la préparation dans le bol d'un robot. Ajoutez le tofu, la crème, la vanille et le sucre, puis mixez jusqu'à l'obtention d'une crème lisse et homogène.

❒ Cassez 75 g de spéculoos en petits morceaux. Trempez rapidement, un biscuit à la fois, les spéculoos restants dans le café froid.

❒ Déposez une couche de spéculoos au café dans des verrines et saupoudrez de biscuits en morceaux. Recouvrez de crème. Déposez une seconde couche de spéculoos au café et saupoudrez de biscuits en morceaux. Recouvrez à nouveau de crème. Saupoudrez de spéculoos en morceaux et de cacao en poudre.

❒ Laissez reposer 2 heures au réfrigérateur avant de servir.

Lotus

# GÂTEAU DE SEMOULE

**POUR 6 À 8 PERSONNES • PRÉPARATION : 10 MIN • CUISSON : 5 MIN**
**REPOS : 30 MIN • RÉFRIGÉRATION : 1 H**

140 g de sucre blond + 120 g de semoule de blé moyenne + 80 cl de lait d'amande
6 poignées de raisins secs + ½ cuil. à café d'agar-agar
1 cuil. à soupe de rhum brun (facultatif)

❒ Versez 60 g de sucre dans une petite casserole. Faites chauffer à feu moyen jusqu'à l'obtention d'un caramel. Ne mélangez pas. Si les bords commencent à brûler, remuez délicatement la casserole pour répartir le caramel, mais sans éclabousser les parois. Versez le caramel dans un moule à charlotte.

❒ Versez le lait dans une casserole et ajoutez le sucre restant ainsi que l'agar-agar. Faites chauffer la préparation, puis versez la semoule en pluie. Mélangez la préparation au fouet et incorporez les raisins secs et le rhum. Portez doucement à ébullition, en mélangeant régulièrement au fouet.

❒ Versez la crème dans le moule et laissez-la refroidir avant de la placer au réfrigérateur pendant au moins 1 heure.

❒ Retournez le moule sur une assiette avant de servir.

# FAR BRETON REVISITÉ

**POUR 6 PERSONNES • PRÉPARATION : 15 MIN • CUISSON : 15 À 20 MIN**

400 g de pruneaux moelleux, dénoyautés + 2 œufs entiers + 1 blanc + 120 g de beurre et un peu pour le moule + 15 cl de crème liquide entière + 2 cuil. à soupe de fécule de maïs 120 g de sucre glace + un peu pour servir + 120 g de poudre d'amandes + 1 pincée de sel

❒ Faites fondre le beurre à feu très doux et laissez-le refroidir. Battez les œufs entiers, le blanc et le sel dans un bol.

❒ Préchauffez le four à 180 °C (th. 6). Beurrez largement un moule rond de 5 cm de haut et 26 cm de diamètre. Disposez les pruneaux dans le fond.

❒ Mettez le sucre glace, la poudre d'amandes et la fécule dans un grand bol et mélangez bien ces poudres. Incorporez progressivement les œufs, puis la crème et le beurre fondu, en continuant de remuer avec un fouet pour que l'ensemble soit bien homogène.

❒ Versez la frangipane précédemment obtenue sur les pruneaux, enfournez et faites cuire 15 à 20 minutes, jusqu'à ce que la surface soit légèrement dorée. Saupoudrez de sucre glace et servez tiède ou froid.

# FLAN PÂTISSIER AU CHOCOLAT ET AUX NOIX

**POUR 4 PERSONNES • PRÉPARATION : 10 MIN • REPOS : 30 MIN**
**CUISSON : 30 MIN**

400 g de pâte brisée ou sablée + 220 g de chocolat noir (à 70 % de cacao) + 30 cl de lait 30 cl de crème liquide + 6 jaunes d'œufs + 12 cerneaux de noix + 100 g de sucre en poudre + 2 cuil. à soupe de fécule de maïs + Beurre et farine pour le moule

❒ Préchauffez le four à 180 °C (th. 6). Beurrez et farinez un moule à tarte.

❒ Étalez la pâte au rouleau sur le plan de travail légèrement fariné, en lui donnant une épaisseur de 3 mm. Garnissez-en le moule, mettez au réfrigérateur et laissez reposer 30 minutes.

❒ Recouvrez le fond de tarte d'une feuille de papier sulfurisé, lestez avec des légumes secs, enfournez et faites cuire 15 minutes à blanc. Laissez refroidir, puis retirez le papier et les légumes.

❒ Cassez le chocolat en morceaux dans un grand bol et faites-le fondre au bain-marie. Remuez doucement pour obtenir une consistance bien lisse.

❒ Dans un autre bol, battez vivement les jaunes d'œufs avec le sucre et la fécule. Sans cesser de fouetter, ajoutez peu à peu le chocolat fondu, puis la crème liquide et le lait.

❒ Versez la crème au chocolat sur le fond de tarte et lissez la surface. Disposez les cerneaux de noix en rosace et remettez à cuire 20 minutes environ.

❒ Servez tiède ou froid.

# FLANS VANILLE ET SIROP D'ÉRABLE

**POUR 4 PETITS FLANS • PRÉPARATION : 10 MIN • CUISSON : 10 MIN**
**RÉFRIGÉRATION : 3 H • CONSERVATION : 3 JOURS AU RÉFRIGÉRATEUR**

20 cl de lait végétal au choix + 20 cl de crème végétale au choix
20 g de sucre de fleur de coco ou de sucre complet + 1 gousse de vanille
4 à 8 cuil. à café de sirop d'érable + ½ cuil. à café d'agar-agar

❒ Versez le lait et la crème dans une casserole et mélangez au fouet. Ajoutez le sucre, ainsi que l'agar-agar et remuez. Fendez la gousse de vanille dans la longueur, puis grattez l'intérieur avec la pointe fine d'un couteau pour récupérer les graines. Déposez le tout dans la casserole.

❒ Portez la préparation à ébullition, puis laissez frémir 1 minute avant de couper le feu. Laissez infuser la vanille 5 minutes. Ôtez la gousse, mélangez et répartissez la préparation dans 4 ramequins. Laissez refroidir, puis placez les ramequins 3 heures au frais. Démoulez sur une petite assiette et arrosez de sirop d'érable.

# FLAN À LA MANGUE ET AU LAIT DE COCO

**POUR 6 PERSONNES • PRÉPARATION : 20 MIN • CUISSON : 25 MIN**

1 mangue pelée, dénoyautée et coupée en dés + 40 cl de lait de coco
70 g de fécule de maïs + 3 œufs + 40 g de sucre roux + 30 g de noix de coco râpée
½ sachet de levure chimique + 1 pincée de sel

- Préchauffez le four à 180 °C (th. 6). Disposez les dés de mangue dans un plat à gratin.
- Mélangez la fécule, le sucre, la levure et le sel. Ajoutez les œufs entiers, puis le lait de coco.
- Versez le mélange sur les dés de mangue. Faites cuire au four 15 minutes.
- Saupoudrez le flan de noix de coco râpée et remettez au four 10 minutes.
- Dégustez tiède ou froid.

# FLAN AUX MARRONS

**POUR 4 PERSONNES • PRÉPARATION : 15 MIN • CUISSON : 55 MIN**

500 g de crème de marrons + 30 cl de crème liquide + 2 œufs + 4 jaunes
1 gousse de vanille + Beurre pour le moule

❒ Chauffez doucement la crème liquide dans une petite casserole avec la gousse de vanille fendue en deux dans la longueur. Aux premiers frémissements, retirez du feu, couvrez et laissez infuser jusqu'à refroidissement. Grattez l'intérieur de la gousse au-dessus de la casserole pour récupérer les graines et jetez l'écorce.

❒ Préchauffez le four à 150 °C (th. 5). Beurrez un moule rond. Dans un grand bol, battez les œufs entiers avec les jaunes. En continuant de fouetter, versez lentement la crème vanillée refroidie, puis ajoutez la crème de marrons. Mélangez bien.

❒ Versez la préparation dans le moule sans le remplir complètement. Placez-le dans un bain-marie et enfournez. Faites cuire 50 minutes environ, jusqu'à ce qu'une lame fine piquée dans le flan ressorte pratiquement sèche.

❒ Laissez tiédir, puis démoulez et mettez au réfrigérateur. Servez très frais avec une jatte de chantilly ou de sauce au chocolat.

# FLAN AU POTIRON

**POUR 6 PERSONNES • PRÉPARATION : 25 MIN • CUISSON : 55 MIN**

400 g de chair de potiron + 3 œufs + 20 cl de lait + 30 g de beurre
150 g de farine + 80 g de sucre en poudre + 25 g de poudre d'amandes
1 sachet de levure chimique + 1 sachet de sucre vanillé + 2 pincées de cannelle + Sel

❐ Coupez le potiron en dés et faites-le cuire 20 minutes à la vapeur. Égouttez-le parfaitement dans une passoire en pressant légèrement dessus. Laissez tiédir, puis mixez-le ou écrasez-le à la fourchette.

❐ Préchauffez le four à 150 °C (th. 5). Mélangez dans un saladier la farine, la levure, les sucres, la cannelle et une pincée de sel.

❐ Ajoutez les œufs entiers, le lait et la purée de potiron. Mélangez à l'aide d'une spatule. Incorporez la poudre d'amandes.

❐ Versez le mélange dans un plat à gratin. Répartissez le beurre coupé en petits morceaux à la surface et faites cuire 35 minutes au four. Dégustez tiède.

# FLAN PÂTISSIER AU LAIT D'AVOINE ET AU THÉ VERT MATCHA

**POUR 6 PERSONNES • PRÉPARATION : 10 MIN • CUISSON : 45 MIN**
**RÉFRIGÉRATION : 3 H**

100 g de farine + 1 cuil. à soupe pour le moule + 75 g de sucre en poudre
3 œufs + 50 cl de lait d'avoine + 1 cuil. à café de thé vert matcha en poudre
10 g de beurre (pour le moule)

❐ Préchauffez le four à 180 °C (th. 6).

❐ Faites fondre le beurre au four à micro-ondes à faible puissance puis, à l'aide d'un pinceau, badigeonnez le fond et les bords d'un moule à manqué. Ajoutez la cuillerée à soupe de farine dans le moule, puis secouez pour bien répartir la farine sur toute la surface.

❐ Dans un saladier, versez la farine, la poudre de thé vert matcha et le sucre en poudre. Mélangez à l'aide d'une cuillère en bois.

❐ Creusez un puits au centre du saladier. Cassez les œufs dans un bol, battez-les légèrement avec une fourchette et versez-les dans le puits. Mélangez avec une cuillère en bois. Ajoutez le lait d'avoine et délayez avec la cuillère en bois, puis mélangez avec le fouet jusqu'à l'obtention d'une préparation bien lisse.

❐ Versez dans le moule. Enfournez pour 45 minutes. Sortez le flan du four et laissez refroidir à température ambiante. Laissez-le ensuite 3 heures au réfrigérateur avant de démouler.

# PETITS FLANS FAÇON PASTÉIS DE NATA

**POUR 10 PETITS FLANS • PRÉPARATION : 15 MIN • CUISSON : 20 MIN ENVIRON**

300 g de pâte feuilletée + 25 cl de lait demi-écrémé + 5 cl de crème liquide entière (120 g)
50 g de jaunes d'œufs + 1 jaune pour la finition + 70 g de sucre en poudre
30 g de fécule de maïs + 1 cuil. à café d'extrait de vanille

❒ Dans un bol, fouettez les jaunes avec le sucre et l'extrait de vanille, sans faire blanchir le mélange. Ajoutez la fécule et fouettez, jusqu'à obtenir un mélange homogène.

❒ Dans une casserole, faites chauffer le lait et la crème, jusqu'à frémissement.

❒ Versez petit à petit la moitié du mélange lait-crème sur les jaunes, tout en fouettant. Reversez dans la casserole avec le reste du liquide, fouettez et faites chauffer sur feu moyen.

❒ Fouettez pendant 40 secondes, versez dans un bol, mélangez et couvrez d'un film étirable posé à la surface. Laissez tiédir, le temps de garnir un moule à muffins avec la pâte.

❒ Préchauffez le four à 210 °C (th. 7).

❒ Étalez la pâte feuilletée puis détaillez 10 cercles de 9 cm de diamètre. Garnissez le moule avec les cercles de pâte.

❒ Ajoutez le dernier jaune d'œuf dans le mélange à pasteis, remuez et remplissez chaque alvéole aux trois quarts. Enfournez pour 15 à 18 minutes.

❒ Démoulez au bout de 5 minutes.

# FLAN COCO ET CITRON VERT

**POUR 6 PERSONNES • PRÉPARATION : 20 MIN • CUISSON : 50 MIN**

1 citron vert (non traité de préférence) + 4 œufs + 50 cl de lait demi-écrémé
100 g de noix de coco râpée + 70 g de sucre blond de canne + 1 cuil. à soupe de rhum blanc
1 cuil. à café de fécule (arrow-root ou Maïzena®) + 2 cuil. à soupe de caramel liquide

❒ Préchauffez le four à 150 °C (th. 5).

❒ Préparez un bain-marie en versant un fond d'eau dans un moule rectangulaire, puis enfournez.

❒ Portez le lait à ébullition dans une casserole. Dans un saladier, fouettez les œufs avec le sucre, la noix de coco et le rhum. Ajoutez la fécule préalablement délayée dans un peu de lait froid. Râpez le zeste du citron vert au-dessus du saladier et mélangez. Pressez le citron pour recueillir son jus et incorporez-le également. Enfin, versez progressivement le reste de lait chaud.

❒ Tapissez un moule à flan de caramel liquide, puis versez-y la préparation précédente. Déposez le moule rempli dans le bain-marie au four. Faites cuire 50 minutes environ, jusqu'à coloration noisette. Vérifiez la cuisson à l'aide de la pointe d'un couteau : elle doit ressortir sèche.

❒ Sortez du four et laissez refroidir sur une grille. Réservez le flan au réfrigérateur avant de servir. Démoulez à l'aide d'une assiette posée sur le moule, retournez-le et laissez le caramel couler.

# FROMAGE BLANC À LA FRAMBOISE, BILLES DE FRUIT DU DRAGON

**POUR 4 PERSONNES • PRÉPARATION : 10 MIN**

400 g de fromage blanc + ½ fruit du dragon + 250 g de framboises
50 g de pistaches + 3 cuil. à soupe de miel

- Lavez les framboises, réservez-en une dizaine pour la décoration et mixez les autres au robot. Mélangez le coulis avec le fromage blanc, ajoutez le miel et remuez de nouveau.
- Prélevez des billes dans le fruit du dragon à l'aide d'une cuillère parisienne.
- Déposez le fromage blanc à la framboise dans 4 bols avec quelques framboises entières, puis disposez les billes de fruit du dragon et quelques pistaches.

# RIZ AU LAIT

**POUR 4 PERSONNES • PRÉPARATION : 15 MIN • CUISSON : 45 MIN**

1 gousse de vanille + 80 g de riz rond + 1 l de lait + 70 g de sucre de canne

❒ Préchauffez le four à 180 °C (th. 6). Fendez la gousse de vanille en deux et grattez les graines avec le plat d'un couteau.

❒ Mettez la vanille, le riz, le sucre et le lait dans une cocotte au four, avoir l'avoir baissé à 160 °C (th. 5-6). Au bout de 30 minutes, remuez le riz afin d'en libérer l'amidon qui donnera toute l'onctuosité au riz au lait. Poursuivez la cuisson 15 minutes.

***On peut agrémenter le riz au lait de confiture de fruits rouges ou d'abricots, de sucre de canne ou de pistaches concassées.***

# RIZ AU LAIT À L'ABRICOT

**PRÉPARATION : 15 MIN • CUISSON : 45 MIN • REPOS : 1 H**

240 g d'abricots secs + 90 g de riz rond + 60 cl de lait + 120 g de sucre en poudre

❒ Hachez les abricots secs assez finement, versez-les dans une casserole et ajoutez 50 cl d'eau. Portez à ébullition, puis baissez le feu, couvrez et faites cuire à petits frémissements pendant 5 minutes. Ajoutez 60 g de sucre, remuez et prolongez la cuisson de 10 minutes. Mixez grossièrement les abricots avec un robot plongeant.

❒ Rincez le riz sous l'eau froide. Faites chauffer de l'eau jusqu'à ébullition, jetez-y le riz et faites-le cuire 3 minutes. Portez le lait à ébullition dans une grande casserole. Égouttez le riz, ajoutez-le au lait, portez à nouveau à ébullition, puis baissez le feu et laissez cuire à très petits bouillons 25 minutes environ.

❒ Quand le riz est cuit, retirez la casserole du feu, ajoutez le sucre en poudre restant et remuez vivement le tout, puis ajoutez la compotée d'abricots et mélangez très rapidement, couvrez et laissez reposer une dizaine de minutes.

❒ Versez le riz au lait dans des verres ou des verrines et mettez au frais pour 1 heure au moins avant de déguster.

# PETITS POTS TOUT CHOCOLAT

**POUR 6 PERSONNES • PRÉPARATION : 25 MIN • CUISSON : 1 H 10**

50 cl de lait entier + 150 g de chocolat noir + 4 jaunes d'œufs + 1 œuf
30 g de sucre + Beurre pour les verrines

❒ Portez le lait à ébullition. Hachez le chocolat au couteau et mettez-le dans un saladier. Versez le lait bouillant dessus et réservez pendant 2 minutes. Mélangez ensuite.

❒ Préchauffez le four à 120 °C (th. 4). Fouettez les jaunes avec l'œuf entier et le sucre. Versez le lait au chocolat dessus et fouettez en douceur jusqu'à lisser le mélange.

❒ Beurrez 6 verrines ou ramequins et versez-y la crème. Posez-les dans un plat rempli d'eau tiède à mi-hauteur et mettez au four. Laissez cuire 1 h 10. Vérifiez la texture qui doit être bien saisie et prolongez la cuisson si nécessaire.

❒ Retirez du bain-marie dès la sortie du four et laissez refroidir. Les crèmes sont meilleures réfrigérées.

# CRÈME BRÛLÉE AUX FRUITS DE LA PASSION

**POUR 4 PERSONNES • PRÉPARATION : 20 MIN • CUISSON : 10 MIN**
**RÉFRIGÉRATION : 20 MIN**

100 g de chocolat blanc + 400 g de fruits de la Passion à coque lisse
50 cl de crème fraîche liquide + 3 œufs + 100 g de sucre en poudre
1 cuil. à soupe de cassonade + 3 feuilles de gélatine

❒ Faites tremper la gélatine dans de l'eau froide. Puis essorez-la. Faites fondre le chocolat et réservez-le au chaud.

❒ Coupez les fruits de la Passion en deux, évidez-les dans une passoire au-dessus d'un saladier et laissez-les rendre leur jus. Réservez les coques.

❒ Cassez les œufs délicatement en séparant les jaunes des blancs (réservez ces derniers pour un autre usage). Mélangez les jaunes d'œufs avec le sucre en fouettant.

❒ Dans une casserole, portez la crème liquide à ébullition, ajoutez le jus des fruits de la Passion, mélangez et versez le tout sur les jaunes d'œufs. Mélangez et reversez dans la casserole, faites chauffer la préparation en fouettant et incorporez la gélatine essorée et le chocolat fondu.

❒ Répartissez cette crème à ras bord dans les demi-coques et réservez au moins 20 minutes au réfrigérateur. Vous pouvez aussi dresser la crème dans des demi-coques de fruit de la Passion. Au moment de servir, saupoudrez un peu de cassonade et brûlez au chalumeau.

# PANNACOTTA AUX FRAMBOISES

**POUR 4 PERSONNES • PRÉPARATION : 10 MIN • CUISSON : 5 MIN**
**RÉFRIGÉRATION : 2 H**

30 cl de crème allégée à 15 % MG + 30 cl de lait demi-écrémé
3 cuil. à soupe d'édulcorant à base de sucralose en poudre + 4 feuilles de gélatine
1 sachet de sucre vanillé + 400 g de framboises + 4 feuilles de menthe

❒ Faites tremper la gélatine dans un saladier rempli d'eau froide pendant 15 minutes, puis essorez-la.

❒ Faites chauffer à feu doux la crème allégée et le lait additionné du sucre vanillé, jusqu'à ébullition, et retirez du feu.

❒ Ajoutez la gélatine, 2 cuillerées à soupe d'édulcorant et remuez.

❒ Versez le mélange dans 4 petits ramequins. Laissez légèrement tiédir, couvrez de film étirable et placez au frais pour 2 heures.

❒ Démoulez les pannacottas sur 4 assiettes au moment de servir.

❒ Décorez d'une feuille de menthe. Disposez des framboises autour. Saupoudrez légèrement d'édulcorant en poudre.

# TRIFLE AUX MÛRES

**POUR 4 PERSONNES • PRÉPARATION : 15 MIN**

250 g de mûres + ½ citron + 400 g de fromage blanc + 1 sachet de sucre vanillé
30 g de sucre en poudre + 4 biscuits type palets bretons

❒ Triez et essuyez les mûres dans du papier absorbant. Versez-les dans un saladier et écrasez-les grossièrement à l'aide d'une fourchette. Ajoutez quelques gouttes de jus de citron et 10 g de sucre. Mélangez et réservez.

❒ Battez le fromage blanc avec le sucre vanillé et le reste de sucre en poudre. Cassez les biscuits en grosses miettes entre vos doigts.

❒ Répartissez le fromage blanc dans 4 verrines. Nappez de mûres et recouvrez de biscuits émiettés. Dégustez aussitôt.

# CRÈME AUX ŒUFS

**POUR 6 PERSONNES • PRÉPARATION : 15 MIN • CUISSON : 25 MIN**

4 œufs + 80 cl de lait + 50 g de sucre en poudre + 1 sachet de sucre vanillé

❒ Préchauffez le four à 150 °C (th. 5). Remplissez la lèchefrite aux deux tiers d'eau chaude et disposez-la dans le four.

❒ Mélangez le lait avec le sucre en poudre et le sucre vanillé, puis portez-le à ébullition.

❒ Battez les œufs dans un saladier. Versez progressivement le lait bouillant sur les œufs sans cesser de fouetter.

❒ Répartissez le mélange dans 6 ramequins. Disposez-les dans la lèchefrite et laissez cuire 20 minutes. Laissez tiédir hors du four les crèmes prises, puis placez-les au frais couvertes de film étirable.

# PERLES DE TAPIOCA À LA NOIX DE COCO

**POUR 4 PERSONNES • PRÉPARATION : 10 MIN • TREMPAGE : 1 NUIT**
**CUISSON : 15 MIN**

140 g de perles de tapioca + 25 cl de lait de coco + 40 cl de lait d'amande
6 cl de sirop d'agave + 1 cuil. à café d'extrait de vanille + 1 cuil. à café de fécule de maïs
Quelques graines de sésame noir + 1 pincée de sel

❒ Faites tremper dans un grand bol les perles de tapioca pendant la nuit (ou au moins 4 heures) dans la moitié du lait d'amande.

❒ Transférez le mélange dans une casserole avec le reste du lait d'amande. Lorsqu'il arrive à ébullition, versez le lait de coco puis l'extrait de vanille et le sirop d'agave. Laissez cuire une dizaine de minutes en remuant constamment.

❒ Ajoutez la fécule et le sel, et laissez mijoter en mélangeant pendant 5 minutes supplémentaires.

❒ Transférez dans de petits verres ou ramequins et laissez refroidir. Parsemez de sésame noir avant de servir.

# CRÈME DE SARRASIN GRILLÉ À LA MANGUE

**POUR 2 PERSONNES • PRÉPARATION : 10 MIN • TREMPAGE : 1 NUIT**

130 g de sarrasin grillé + 10 cl de lait de coco + 1 cuil. à soupe de sirop d'agave
1 mangue + Quelques graines de tournesol + 40 g de chocolat noir

❐ Faites tremper dans de l'eau le sarrasin pendant la nuit.

❐ Le lendemain, égouttez le sarrasin et placez-le dans le bol d'un robot avec le lait de coco et le sirop d'agave. Mixez jusqu'à l'obtention d'une pâte homogène. Versez dans de petits verres.

❐ Épluchez la mangue et coupez-la en dés. Hachez grossièrement le chocolat. Garnissez chaque verre avec des morceaux de mangue et des copeaux de chocolat, puis parsemez de graines de tournesol.

# SEMOULE AU LAIT DE NOISETTE ET AUX CRANBERRIES

**POUR 6 PERSONNES • PRÉPARATION : 5 MIN • CUISSON : 10 MIN • REPOS : 20 MIN**

1 l de lait de noisette + 100 g de semoule moyenne + 150 g de cranberries séchées
60 g de sucre + 1 gousse de vanille + 1 pincée de sel

❒ Fendez la gousse de vanille en deux et prélevez les graines en grattant l'intérieur avec la pointe d'un couteau. Versez le lait de noisette, le sucre, les graines de vanille et la pincée de sel dans une casserole, et portez à ébullition en mélangeant régulièrement avec une cuillère en bois.

❒ Baissez le feu et versez la semoule en pluie en mélangeant constamment. Laissez cuire à feu doux pendant 5 minutes sans cesser de remuer pour éviter les grumeaux. Hors du feu, ajoutez les cranberries séchées. Mélangez pour bien les répartir et répartissez la préparation dans des petits ramequins.

❒ Placez les ramequins sur une grille et laissez-les tiédir à température ambiante. Dégustez les semoules tièdes ou froides selon votre goût.

# MOUSSE AU CHOCOLAT VÉGÉTALE

**POUR 6 PERSONNES • PRÉPARATION : 20 MIN • CUISSON : 5 MIN**
**RÉFRIGÉRATION : 3 H**

200 g de chocolat noir + 18 cl de jus de pois chiches en conserve
3 cuil. à soupe de lait de noisette

❒ Cassez le chocolat en petits morceaux. Faites-le fondre tout doucement au bain-marie, à frémissement. Quand le chocolat est fondu, retirez le récipient du bain-marie et mélangez délicatement avec une cuillère en bois.

❒ Versez le jus de pois chiches dans un saladier et fouettez-le à l'aide d'un batteur électrique.

❒ Versez le lait de noisette dans le chocolat fondu et tiédi, et mélangez avec une cuillère en bois.

❒ Incorporez délicatement la mousse de jus de pois chiches au chocolat fondu en soulevant doucement le mélange avec une cuillère en bois pour ne pas faire retomber la préparation.

❒ Mettez la mousse dans des ramequins et laissez prendre 3 heures au réfrigérateur.

# PANNACOTTA VANILLÉE AU KIWI

**POUR 6 PERSONNES • PRÉPARATION : 10 MIN • CUISSON : 1 MIN**
**RÉFRIGÉRATION : 2 H**

3 kiwis + 30 cl de lait demi-écrémé + 20 cl de crème de soja pour pâtisserie (ou de crème à 15 % MG) + 4 cuil. à soupe de sirop d'agave + Quelques gouttes d'extrait de vanille + 1 cuil. à café de vanille en poudre + 1 cuil. à café d'agar-agar en poudre

❒ Pelez les kiwis et coupez-en un en tout petits dés.

❒ Versez dans une casserole le lait, la crème de soja, la vanille en poudre, l'extrait de vanille et la poudre d'agar-agar. Mélangez et portez à ébullition pendant 1 minute sans cesser de remuer.

❒ Retirez du feu, versez 3 cuillerées à soupe de sirop d'agave et ajoutez les dés de kiwi, mélangez puis répartissez dans 6 verrines et laissez prendre 2 heures au réfrigérateur.

❒ Coupez 3 rondelles dans un autre kiwi et recoupez-les en deux pour obtenir 6 demi-rondelles de kiwi. Réservez.

❒ Mixez le kiwi restant avec le reste de sirop d'agave. Réservez au frais.

❒ Au moment de servir, nappez chaque pannacotta de purée de kiwi et disposez une demi-rondelle de kiwi sur chaque bordure de verre. Servez frais.

# RICOTTA AUX ABRICOTS

**POUR 4 PERSONNES • PRÉPARATION : 15 MIN**

150 g de framboises + 4 abricots + 300 g de ricotta + 4 biscuits aux amandes (type amaretti) + 12 cl de lait d'amande (au rayon diététique, type Bjorg®) 1 cuil. à café de vanille en poudre + 30 g de sucre complet (rapadura)

❒ Dans un saladier, mélangez la ricotta, le lait, le sucre et la vanille. Réservez au réfrigérateur.

❒ Lavez et essuyez les abricots, puis dénoyautez-les et coupez leur chair en dés. Écrasez grossièrement les framboises à l'aide d'une fourchette. Ajoutez les fruits au mélange de ricotta.

❒ Répartissez cette préparation dans 4 coupes en verre et émiettez les biscuits dessus. Servez aussitôt.

# AMARANTE COMME UN RIZ AU LAIT

**POUR 6 PERSONNES • PRÉPARATION : 5 MIN • CUISSON : 30 MIN**

200 g d'amarante + 70 cl de lait d'amande (ou autre lait végétal ou lait de vache)
4 cuil. à soupe de sirop d'agave (ou de miel liquide) + 2 sachets de sucre vanillé
600 g de fraises ou de mélange de fruits rouges + 30 cl de coulis de fruits rouges

❒ Rincez l'amarante et égouttez-la dans une passoire vraiment fine.

❒ Portez le lait à frémissement dans une casserole. Versez l'amarante et laissez cuire 20 minutes sur feu moyen. Remuez régulièrement surtout vers la fin. Ajoutez le sirop d'agave et le sucre vanillé, et poursuivez la cuisson 5 minutes en mélangeant régulièrement.

❒ Versez la crème d'amarante dans des petites coupelles, des verres ou des ramequins. Laissez tiédir.

❒ Lavez les fraises. Équeutez et découpez les fraises en morceaux. Répartissez-les sur la crème à l'amarante et ajoutez un filet de coulis.

# CRÈME EXOTIQUE AUX GRAINES DE CHIA

**POUR 6 PERSONNES • PRÉPARATION : 20 MIN • REPOS : 6 H MINIMUM**

6 cuil. à soupe de graines de chia + 40 cl de lait de coco + 6 cuil. à soupe de sirop d'agave (ou de sirop d'érable) + 20 cl de crème fraîche liquide entière + 2 cuil. à soupe de sucre glace 2 mangues mûres + 3 fruits de la Passion

❒ Placez la crème au congélateur pour qu'elle soit bien froide.

❒ Dans un saladier, mélangez les graines de chia, le lait de coco et le sirop d'agave. Laissez reposer au réfrigérateur 6 heures au minimum.

❒ Épluchez puis coupez les mangues en petits morceaux. Coupez les fruits de la Passion en deux et, à l'aide d'une petite cuillère, retirez les graines.

❒ Versez la crème dans le bol d'un robot et montez-la en chantilly avec le sucre.

❒ Dans un verre ou un ramequin, déposez un peu de mélange au lait de coco. Ajoutez un peu de mangue, de chantilly, de nouveau du mélange au lait de coco, de la mangue et terminez par des fruits de la Passion. Procédez de même pour les 5 autres verres ou ramequins.

# CRÈMES CARAMEL

**POUR 6 PERSONNES • PRÉPARATION : 20 MIN • CUISSON : 1 H • RÉFRIGÉRATION : 8 H**

2 gros œufs + 2 jaunes bio ou issus de poules élevées en plein air + 40 cl de lait entier
20 cl de crème liquide + 1 gousse de vanille + 180 g de sucre en poudre

❒ Préchauffez le four à 150 °C (th. 5). Fendez la gousse de vanille en deux dans la longueur et grattez les graines à l'aide d'un couteau pointu.

❒ Dans une casserole, portez à petite ébullition le lait et la crème avec 60 g de sucre et les graines de vanille. Couvrez et laissez infuser 5 minutes hors du feu.

❒ Dans une grande poêle antiadhésive, faites chauffer le sucre restant à feu vif 3 à 5 minutes, sans mélanger ni remuer la poêle. Quand il atteint une belle couleur roux clair, répartissez ce caramel dans 6 ramequins et laissez-le refroidir pendant 5 minutes.

❒ Battez les œufs et les jaunes avec le lait sucré vanillé. Filtrez la préparation avant de la répartir dans les ramequins.

❒ Déposez les ramequins dans un grand plat, puis ajoutez de l'eau chaude jusqu'à mi-hauteur de ce plat. Enfournez et laissez cuire 45 minutes. Laissez refroidir à température ambiante, avant de mettre au réfrigérateur toute la nuit.

❒ Plongez chaque crème pendant 20 secondes dans l'eau chaude afin de pouvoir la démouler rapidement au moment de servir.

# KAKI AU MIEL

**POUR 4 PERSONNES • PRÉPARATION : 5 MIN • CUISSON : 5 MIN**

2 kakis + 1 ½ cuil. à soupe de miel + 25 g de noisettes (d'amandes ou de pistaches)
10 g de beurre + ½ cuil. à café d'épices en poudre : cannelle, vanille ou mélange pour pain d'épice

❐ Lavez et taillez les kakis en rondelles de 1 cm d'épaisseur. Concassez les noisettes au couteau.

❐ Dans une poêle, faites fondre le beurre. Faites-y dorer à feu moyen les rondelles de kaki 1 à 2 minutes de chaque côté. Retirez les tranches de kaki. Ajoutez dans la poêle encore chaude le miel, les épices et les noisettes concassées, et laissez un tout petit peu caraméliser.

❐ Accompagnez ces tranches de kaki au miel d'un riz au lait maison, de yaourt grec ou de fromage blanc, ou encore d'une boule de glace vanille, nappés de sauce au miel.

# MINI-BROCHETTES DE FRUITS AU PAIN D'ÉPICE

**POUR 4 PERSONNES • PRÉPARATION : 15 MIN • CUISSON : 3 MIN**

12 fraises + 3 nectarines + 12 mirabelles + 8 tranches de pain d'épice
2 sachets de sucre vanillé

❐ Faites tremper les piques en bois dans un récipient d'eau froide pour éviter qu'elles brûlent sous le gril.

❐ Pelez les nectarines et coupez-les en deux. Dénoyautez-les et taillez-les en morceaux. Lavez les fraises, puis équeutez-les et coupez-les en deux. Lavez et essuyez les mirabelles, puis coupez-les en deux et dénoyautez-les.

❐ Ôtez la croûte des tranches de pain d'épice, puis coupez-les en quatre ou en six, selon leur taille.

❐ Allumez le gril du four (ou la plancha). Montez les mini-brochettes en alternant 1 cube de pain d'épice et 3 morceaux de fruits. Disposez-les sur la grille du four et saupoudrez-les du sucre vanillé. Passez sous le gril quelques minutes, jusqu'à légère coloration, et servez accompagné d'une coupelle de fromage blanc, par exemple.

# « SOUPE » D'ORANGE À LA CANNELLE ET FLEUR D'ORANGER

**POUR 1 PERSONNE • PRÉPARATION : 10 MIN • RÉFRIGÉRATION : 30 MIN**

1 orange + 1 pincée de cannelle + 1 cuil. à soupe d'eau de fleur d'oranger

- Coupez les deux extrémités de l'orange, placez-la debout sur le plan de travail puis, à l'aide d'un couteau bien aiguisé, de préférence à lame fine, ôtez la peau en suivant les courbes du fruit.
- Coupez ensuite l'orange en tranches ; placez-les dans une assiette creuse.
- Versez l'eau de fleur d'oranger et la cannelle ; laissez reposer au frais au minimum 30 minutes. Servez frais de préférence.

***Si l'orange n'est pas suffisamment sucrée, ajoutez 1 cuillerée à café de sucre blond, de sirop d'agave ou encore de sirop d'érable.***

# SOUPE DE FRUITS

**POUR 4 PERSONNES • PRÉPARATION : 5 MIN**

1 petite mangue + ¼ d'ananas + 2-3 tiges de menthe effeuillées + 2 fruits de la Passion

❒ Pelez et coupez grossièrement la mangue et l'ananas. Découpez en petits cubes l'équivalent de 2 cuillerées à soupe de mangue et autant d'ananas. Réservez-les pour décorer.

❒ Versez dans la cuve d'un blender la mangue et l'ananas grossièrement coupés et 5 feuilles de menthe et mixez jusqu'à obtenir un mélange homogène et mousseux.

❒ Découpez le sommet des fruits de la Passion, ajoutez la pulpe aux petits cubes de mangue et d'ananas. Mélangez bien. Répartissez la pulpe de fruits dans des bols et décorez avec les cubes de fruits et quelques feuilles de menthe.

# POMMES RÂPÉES AU CITRON VERT

**POUR 4 PERSONNES • PRÉPARATION : 10 MIN**

4 pommes fermes et juteuses + 1 citron vert + 15 g de sucre en poudre
4 sablés à la noix de coco

❐ Émiettez les biscuits. Pressez le citron vert.

❐ Pelez les pommes, puis râpez-les au robot. Arrosez-les aussitôt de jus de citron et de sucre, puis mélangez bien.

❐ Répartissez les pommes râpées dans 4 verres. Saupoudrez de biscuits et dégustez aussitôt.

# ANANAS GRILLÉ ET YAOURT AU BASILIC

**POUR 4 À 6 PERSONNES • PRÉPARATION : 10 MIN • CUISSON : 15 MIN**

1 ananas + 130 g de yaourt grec + Quelques feuilles de basilic
3 cuil. à soupe d'huile de coco + 1 cuil. à soupe de miel

- ❐ Préchauffez le gril du four. Retirez la peau de l'ananas et coupez-le en rondelles. Badigeonnez les rondelles d'huile de coco et enfournez pour 15 minutes.
- ❐ Émincez le basilic. Mélangez le yaourt avec le miel et le basilic.
- ❐ Servez les rondelles d'ananas avec une généreuse portion de yaourt au basilic.

# POIRES POCHÉES AU SIROP

**POUR 4 PERSONNES • PRÉPARATION : 15 MIN • CUISSON : 35 MIN**

4 grosses poires de même calibre + 2 oranges à jus + 1 filet de jus de citron
3 cuil. à soupe de sirop d'érable (ou de miel) + 1 cuil. à café d'extrait de vanille liquide
½ cuil. à café de cannelle en poudre

❒ Préchauffez le four à 180 °C (th. 6).

❒ Épluchez les poires, puis coupez-les en deux avec leur queue et épépinez-les. Répartissez les demi-poires côte à côte dans un plat à four. Citronnez-les pour éviter qu'elles noircissent.

❒ Pressez les oranges pour recueillir leur jus, puis mélangez-le avec le sirop d'érable, la vanille et la cannelle. Versez le tout dans une casserole et portez à frémissement, à feu moyen, en remuant. Puis laissez épaissir ce sirop 5 minutes sans remuer.

❒ Retirez du feu et versez le sirop sur les poires. Couvrez le plat de papier d'aluminium en le faisant bien adhérer aux bords.

❒ Enfournez pour 30 minutes environ, jusqu'à ce que les poires soient très tendres. Laissez-les refroidir dans leur sirop avant de servir.

# PÊCHES ET FRAMBOISES FAÇON CRUMBLE

**POUR 4 PERSONNES • PRÉPARATION : 10 MIN • CUISSON : 30 MIN**

3 pêches mûres + 100 g de framboises + 40 g de farine + 1 cuil. à soupe + 140 g de flocons d'avoine + 5 g de basilic + 3 cuil. à soupe de miel + 1 cuil. à soupe de sucre de canne 5 cl d'huile de coco + 1 pincée de cannelle + Sel

❒ Préchauffez le four à 180 °C (th. 6).

❒ Pelez les pêches et coupez-les en morceaux. Ciselez le basilic.

❒ Mélangez dans un moule à gâteau les pêches et les framboises avec le basilic, 1 cuillerée à soupe de farine, le sucre et une pincée de sel.

❒ Mélangez dans un bol les flocons d'avoine avec le miel, la farine, la cannelle et une pincée de sel. Versez l'huile de coco fondue sur cette préparation, mélangez puis étalez au-dessus des fruits.

❒ Enfournez pour 30 minutes puis servez aussitôt.

# VERRINES AUX FRUITS ROUGES

**POUR 6 PERSONNES • PRÉPARATION : 15 MIN**

600 g de fraises + 2 barquettes de framboises + 1 cuil. à soupe de sucre en poudre
25 cl de crème liquide entière + 4 cuil. à soupe de confiture de myrtilles
1 citron bio (facultatif)

❒ Dans un grand saladier, fouettez la crème jusqu'à ce qu'elle soit assez ferme et réservez-la au frais.

❒ Équeutez les fraises. Passez 100 g de fraises à la centrifugeuse ou écrasez-les de façon à obtenir 25 cl de jus. Réservez au frais.

❒ Coupez les autres fraises en deux, mélangez-les avec les framboises, râpez un peu de zeste de citron si vous le désirez, saupoudrez de sucre et réservez au frais.

❒ Juste avant de servir, répartissez les fruits rouges dans 6 verrines, versez un peu de jus de fraise, ajoutez la confiture de myrtilles, puis la crème fouettée. Dégustez aussitôt.

# COMPOTE « BONNE MINE »

**POUR 4 PERSONNES • PRÉPARATION : 10 MIN • CUISSON : 10 MIN**

3 grosses pommes (reinettes, canada grise ou antarès) + 1 mangue + 1 orange
1 bâton de cannelle + ½ gousse de vanille (ou ½ cuil. à café de vanille en poudre)

❒ Pelez et épépinez les pommes, puis coupez-les en cubes de 1 cm de côté environ. Déposez-les dans un faitout.

❒ Pelez la mangue et coupez-la en lamelles en tournant autour du noyau. Ajoutez-les aux morceaux de pomme, avec la cannelle et la gousse de vanille grattée (ou la vanille en poudre).

❒ Versez quelques cuillerées d'eau et mélangez. Couvrez et faites cuire 10 minutes à feu doux.

❒ Pressez l'orange et ajoutez le jus en fin de cuisson. Laissez tiédir hors du feu. Retirez la cannelle et la vanille, puis mixez la compote. Réservez au frais avant de servir.

# COMPOTE DE FRUITS SECS

**POUR 2 PERSONNES • PRÉPARATION : 10 MIN • TREMPAGE : 1 H**
**CUISSON : 20 MIN**

10 pruneaux secs, moelleux et dénoyautés + 8 abricots secs moelleux + 2 bananes séchées
1 cuil. à soupe de raisins secs + Quelques gouttes de jus de citron (facultatif)

❒ Mettez les fruits secs dans un bol et couvrez-les d'eau chaude. Faites-les tremper 1 heure.

❒ Mettez les fruits non égouttés et coupés en morceaux dans une petite casserole. Laissez frémir 20 minutes. Ajoutez éventuellement le jus de citron. Quand tous les fruits sont tendres, c'est prêt !

# SALADE DE RAISIN AUX NOIX

**POUR 4 PERSONNES • PRÉPARATION : 10 MIN • CUISSON : 20 MIN**

3 grappes de raisin blanc + 1 yaourt nature + 50 g de noix concassées
1 cuil. à soupe de jus de citron + 2 cuil. à soupe de miel

❐ Dans une casserole, mélangez le miel, le jus de citron et 2 cuillerées à soupe d'eau. Laissez cuire à feu doux pendant 20 minutes environ, jusqu'à l'obtention d'un sirop.

❐ Dans un saladier, mélangez le yaourt et le sirop à la fourchette.

❐ Lavez le raisin et égrenez-le.

❐ Répartissez les grains de raisin dans 4 coupes en verre, puis ajoutez quelques noix et nappez le tout de crème au miel. Servez aussitôt.

# POMMES AU FOUR

**POUR 6 PERSONNES • PRÉPARATION : 15 MIN • CUISSON : 30 MIN**

6 pommes à cuire (type canada) + 6 cuil. à soupe de gelée de groseille
1 cuil. à café de beurre

❒ Préchauffez le four à 180 °C (th. 6). Brossez les pommes sous l'eau courante. Coupez le haut de chacune d'elles en conservant la queue. Avec un petit couteau, creusez une petite cavité à l'intérieur de la pomme et retirez les pépins.

❒ Beurrez un plat à gratin et disposez les pommes, puis remplissez-les avec 1 cuillerée de gelée chacune. Replacez chaque chapeau sur chaque pomme et enfournez à 150 °C (th. 5) pour 30 minutes environ. Sortez les pommes quand elles commencent à fondre. Dégustez-les tièdes.

# BANANES POÊLÉES MINUTE

**POUR 4 PERSONNES • PRÉPARATION : 5 MIN • CUISSON : 8 MIN**

4 bananes + 2 cuil. à café d'huile de friture + 4 cuil. à café de sucre de canne ou muscovado

❒ Coupez les bananes en deux dans le sens de la longueur, avec la peau.

❒ Dans une poêle antiadhésive, versez l'huile et saupoudrez de sucre. Posez toutes les moitiés de banane côté chair en dessous et faites frire 4 minutes à feu vif pour caraméliser, puis 4 minutes à feu moyen pour cuire toute la chair.

❒ Retournez sur une assiette et servez dans la peau. Dégustez à la petite cuillère.

# SALADE DE SUPRÊMES D'AGRUMES ET MERINGUES

**POUR 4 PERSONNES • PRÉPARATION : 10 MIN**

1 citron vert détaillé en suprêmes + 2 citrons jaunes détaillés en suprêmes
2 oranges détaillées en suprêmes + 1 pamplemousse détaillé en suprêmes
3 prunes rouges coupées en quartiers + ¼ de botte de menthe effeuillée pour le dressage
1 cuil. à café de miel + 1 sachet de meringues

❒ Détaillez les agrumes en suprêmes au-dessus d'un bol afin d'en récupérer le jus et réservez.

❒ Mélangez les suprêmes de citron, d'orange et de pamplemousse dans un saladier, puis ajoutez les prunes. Répartissez dans des assiettes et parsemez de feuilles de menthe.

❒ Mélangez le jus des agrumes et le miel, arrosez les fruits et ajoutez les meringues.

# SALADE DE MYRTILLES, MELON, MENTHE ET MERINGUES

**POUR 4 PERSONNES • PRÉPARATION : 5 MIN**

150 g de myrtilles + 2 melons détaillés en billes avec une cuillère parisienne + ½ botte de menthe ciselée + 1 sachet de meringues

❒ Mélangez les myrtilles et les billes de melon dans un saladier, puis parsemez de menthe ciselée.

❒ Répartissez myrtilles et melons dans des bols, puis disposez les meringues.

# TARTE PASTÈQUE

**POUR 4 À 6 PERSONNES • PRÉPARATION : 15 MIN**

1 belle tranche de pastèque + ½ melon + 1 dizaine de framboises
1 dizaine de myrtilles + 4 feuilles de menthe

❒ Coupez une tranche de pastèque de manière à obtenir un disque, comme un fond de tarte.

❒ Réalisez des billes de pastèque et de melon à l'aide d'une cuillère parisienne.

❒ Placez ces billes de fruits sur la tranche de pastèque, disposez également les framboises et les myrtilles. Ajoutez les feuilles de menthe sur les fruits. Servez bien frais.

***Utilisez les fruits que vous aimez : ajoutez de la mangue, de la pomme, des abricots… Le tout est d'obtenir une tarte colorée, appétissante et rafraîchissante !***

# ESQUIMAUX AUX FRAMBOISES

**POUR 5 À 6 PERSONNES • PRÉPARATION : 10 MIN • CONGÉLATION : 4 H**

200 g de yaourt au soja + 100 g de framboises + 50 g de sucre blond ou complet

❒ Versez les ingrédients dans le bol d'un blender.

❒ Mixez jusqu'à l'obtention d'une préparation lisse et homogène.

❒ Répartissez la crème dans des moules à esquimaux et placez-les au moins 4 heures au congélateur.

❒ Sortez les moules 5 minutes avant de déguster.

# GLACE EXPRESS VANILLE-FRAISE

**POUR 6 PERSONNES • PRÉPARATION : 20 MIN**

150 g de fraises + 3 yaourts nature + 20 cl de lait + 2 sachets de sucre vanillé
2 cuil. à soupe de sucre roux

❒ Rincez les fraises, puis essuyez-les. Équeutez-les et coupez-les en morceaux, puis écrasez-les grossièrement dans un bol à l'aide d'une fourchette.

❒ Versez le lait et les yaourts dans un saladier. Lissez le mélange à l'aide d'un fouet à main. Ajoutez le sucre vanillé et le sucre en poudre. Mélangez jusqu'à ce que le sucre soit dissous. Ajoutez les fraises et mélangez.

❒ Versez dans la sorbetière et faites-la tourner 15 minutes environ (ou jusqu'à ce que le mélange soit pris). Versez dans un bac ou dans des coupes et servez ou placez au congélateur.

# GÂTEAU DE YAOURT GLACÉ AUX FRUITS

**POUR 4 PERSONNES • PRÉPARATION : 15 MIN • CONGÉLATION : 45 MIN**

250 g de fraises + 9 cuil. à soupe de yaourt grec + 100 g de bananes
100 g de framboises + quelques-unes pour la garniture

- Recouvrez un moule à cake de papier sulfurisé.
- Mixez les fraises avec 3 cuillerées à soupe de yaourt grec dans un blender, versez le mélange dans le moule et laissez prendre au congélateur pendant au moins 15 minutes.
- Rincez le blender, coupez les bananes en morceaux et mixez-les avec 3 cuillerées à soupe de yaourt grec. Versez dans le moule et replacez-le au congélateur pour 15 minutes.
- Répétez l'opération avec les framboises et replacez au congélateur pour 15 minutes.
- Servez bien glacé accompagné de quelques fruits.

# CREMOLATA DE PÊCHES AU SAFRAN

**POUR 6 PERSONNES • PRÉPARATION : 10 MIN • CUISSON : 2 MIN**
**CONGÉLATION : 3 H**

5 belles pêches jaunes (soit 700 g une fois épluchées)
180 g de sucre en poudre + 6 filaments de safran

❒ Portez à frémissement 20 cl d'eau et le sucre dans une casserole. Hors du feu, ajoutez le safran, couvrez et laissez infuser le temps de la préparation.

❒ Plongez les pêches pendant 1 minute dans l'eau bouillante afin de pouvoir les peler plus facilement. Dénoyautez-les et coupez-les en morceaux.

❒ Dans le bol d'un blender, mixez les fruits, puis ajoutez le sirop safrané.

❒ Versez le tout dans un grand sac de congélation doublé d'un autre sac. Fermez le tout et mettez-le au congélateur.

❒ Au bout de 1 heure, malaxez le sac afin d'éviter la formation de cristaux. Recommencez trois à quatre fois jusqu'à ce que la préparation soit bien dense.

❒ Servez dans des verres placés préalablement au congélateur pour que la cremolata ne fonde pas trop rapidement.

# POPSICLES AUX FRAMBOISES

**POUR 8 PERSONNES • PRÉPARATION : 10 MIN • CONGÉLATION : 4 H 15**

4 petits-suisses + 120 g de crème liquide entière + 60 g de sucre glace
120 g de coulis de framboises + 16 framboises + 8 pots de petits-suisses vides
et 8 bâtons à esquimaux

❒ Fouettez la crème liquide et le sucre glace en chantilly bien ferme.

❒ Mélangez les petits-suisses avec le coulis de framboises. Coupez chaque framboise en deux et ajoutez-les ensuite aux petits-suisses avec la chantilly. Remuez délicatement.

❒ Remplissez les pots des petits-suisses avec la crème de framboise.

❒ Placez les pots au congélateur 15 minutes, puis plantez les bâtons dans les popsicles. Replacez les pots au congélateur durant 4 heures.

# GLACE AUX SNICKERS® ET AUX PISTACHES

**POUR 4 PERSONNES • PRÉPARATION : 5 MIN • CONGÉLATION : 6 H**

180 g de lait concentré sucré + 100 g de Snickers® coupés en morceaux
30 g de pistaches + 30 cl de crème liquide

- Mixez ensemble les Snickers® avec les pistaches.
- Fouettez la crème liquide en chantilly.
- Versez le lait concentré dans un saladier et incorporez-y délicatement la chantilly.
- Versez dans un moule une première couche du mélange Snickers® et pistaches. Versez ensuite la crème, puis la fin du mélange de Snickers® et pistaches.
- Mettez au congélateur au moins 6 heures. Démoulez délicatement avant de servir.

# MONT-BLANC GLACÉ

**POUR 6 PERSONNES • PRÉPARATION : 15 MIN • CONGÉLATION : 6 H**

250 g de crème fraîche épaisse + 400 g de crème de marrons
15 cl de crème liquide + 15 g de sucre glace

- Mélangez la crème fraîche épaisse avec la crème de marrons.
- Battez la crème liquide en chantilly ferme ; ajoutez le sucre glace et fouettez pendant encore quelques secondes.
- Incorporez délicatement la chantilly au mélange à la crème de marrons. Répartissez cette préparation dans 6 ramequins, mettez dans le congélateur et réservez pendant 6 heures avant de déguster.

***Pour alléger cette glace, remplacez tout ou partie de la crème par du fromage blanc.***

# SOUFFLÉ GLACÉ AU NUTELLA®

**POUR 4 PERSONNES • PRÉPARATION : 20 MIN • CUISSON : 5 MIN**
**CONGÉLATION : 6 H**

100 g de Nutella® + 50 g de peanut butter + 3 jaunes d'œufs + 20 cl de lait
90 g de sucre en poudre + 20 cl de crème liquide entière
4 carrés de chocolat blanc râpés finement

❐ Faites bouillir le lait à feu moyen. Fouettez les jaunes d'œufs et le sucre en poudre jusqu'à obtenir un mélange mousseux. Versez le lait sur les œufs tout en fouettant. Remettez le mélange obtenu dans la casserole et faites épaissir à feu moyen en remuant constamment.

❐ Versez une moitié de cette crème sur le Nutella®, puis mélangez. Versez l'autre moitié sur le peanut butter, puis remuez. Laissez refroidir le tout jusqu'à ce que les mélanges soient bien froids. Battez la crème liquide en chantilly bien ferme. Ajoutez la moitié de la crème à chaque mélange.

❐ Découpez 6 larges bandes de papier sulfurisé de manière à pouvoir entourer chaque verrine d'une bande. Enroulez le papier à l'extérieur de la verrine en le faisant dépasser d'au moins 3 cm au-dessus du bord supérieur de la verrine. Maintenez chaque bande de papier avec un élastique en glissant celui-ci autour de la verrine jusqu'au-dessous du bord supérieur. Remplissez les verrines en alternant les couches des deux parfums et en dépassant le haut du verre de 2 cm. Mettez au congélateur au moins 6 heures.

❐ Retirez délicatement les papiers avant de servir, puis saupoudrez les verrines de chocolat blanc râpé.

# SUNDAY À LA CONFITURE DE LAIT ET AUX NOISETTES

**POUR 4 PERSONNES • PRÉPARATION : 10 MIN • CONGÉLATION : 4 H**
**CUISSON : 3 MIN**

125 g de lait concentré sucré + 20 cl de crème liquide + 1 cuil. à soupe de confiture de lait
45 g de noisettes + 2 cuil. à soupe de sucre

❐ Fouettez la crème liquide en chantilly. Versez le lait concentré et la confiture de lait dans un saladier et incorporez-y délicatement la chantilly. Versez le mélange dans des verres ou des verrines et laissez 4 heures au congélateur.

❐ Faites chauffer le sucre dans une poêle antiadhésive jusqu'à ce qu'il fonde. Retirez la poêle du feu et jetez-y les noisettes de façon à les enrober de sucre fondu. Disposez-les sur une plaque recouverte d'une feuille de papier sulfurisé, laissez-les refroidir, puis hachez-les très grossièrement.

❐ Avant de servir, parsemez les noisettes sur les glaces.

# MYRTILLES GLACÉES ET SIROP D'ÉRABLE

**POUR 4 PERSONNES • PRÉPARATION : 10 MIN**

450 g de myrtilles congelées + 90 g de sirop d'érable + 30 g de sucre glace
1 blanc d'œuf + Flocons de sirop d'érable + Crème Chantilly
1 poignée de myrtilles fraîches pour décorer

❒ Battez le blanc d'œuf en neige ferme, ajoutez le sucre glace et fouettez de nouveau pendant quelques secondes.

❒ Mixez rapidement les myrtilles. Ajoutez-leur le blanc d'œuf en neige et le sirop d'érable, et mixez encore en arrêtant le robot régulièrement pour remuer et obtenir une glace onctueuse.

❒ Servez la glace dans une coupe avec de la crème Chantilly, une pincée de flocons de sirop d'érable et quelques myrtilles.

# POIRE STRACCIATELLA

**POUR 4 PERSONNES • PRÉPARATION : 20 MIN • CONGÉLATION : 7 H**

500 g de poires + 90 g de sucre glace + 1 blanc d'œuf
100 g de pépites de chocolat noir

❒ Épluchez les poires, coupez-les en petits morceaux et étalez ces derniers sur une grande assiette. Mettez dans le congélateur et réservez pendant 6 heures.

❒ Hachez le chocolat noir. Battez le blanc d'œuf en neige ferme, ajoutez le sucre glace et fouettez de nouveau.

❒ Mixez rapidement les poires. Ajoutez le blanc d'œuf en neige et mixez de nouveau, en arrêtant le robot régulièrement pour remuer et obtenir une glace onctueuse.

❒ Versez-la dans un bac, puis ajoutez les trois quarts du chocolat et mélangez rapidement. Couvrez avec le reste du chocolat et réservez au congélateur pendant 1 heure avant de déguster.

# MYSTÈRE À LA VANILLE

**POUR 4 PERSONNES • PRÉPARATION : 10 MIN • CONGÉLATION : 1 H 30**

75 cl de glace à la vanille + 40 g de pralin (en grains) + 20 g de beurre + 1 meringue

- Sortez la glace du congélateur 30 minutes avant de préparer les mystères. Hachez grossièrement la meringue. Beurrez 4 moules et répartissez les trois quarts du pralin dedans, en veillant à ce que les grains adhèrent bien sur les parois. Réservez les moules au congélateur une dizaine de minutes.

- Mettez une boule de glace dans chaque moule et tassez-la au fond et sur les côtés de manière à laisser un creux au centre. Remplissez ce creux avec 1 cuillerée à soupe de meringue hachée. Recouvrez avec un peu de glace, tassez et parsemez du reste de pralin.

- Réservez les mystères dans le congélateur pendant au moins 1 heure avant de les déguster.

***Pour démouler facilement ces mystères, trempez les moules très rapidement dans une casserole d'eau chaude.***

# BANANA'S SUNDAE

**POUR 4 PERSONNES • PRÉPARATION : 20 MIN • CONGÉLATION : 4 H**

180 g de bananes épluchées + 300 g de glace à la vanille + 120 g de chocolat noir
60 g de caramel liquide + 20 cl de crème fraîche liquide entière + 2 cuil. à soupe de mascarpone + 30 g de sucre glace

❒ Écrasez les bananes à l'aide d'une fourchette. Hachez le chocolat.

❒ Versez la glace dans un saladier et ajoutez les bananes, le chocolat et le caramel. Mélangez très rapidement, versez le tout dans un bac et réservez au congélateur pendant au moins 4 heures.

❒ Juste avant de servir, montez la crème liquide et le mascarpone en chantilly bien ferme, ajoutez le sucre glace et fouettez pendant encore quelques secondes.

❒ Répartissez la glace dans des coupes, couvrez de chantilly et servez aussitôt.

***Mettez le saladier au congélateur 1 heure avant d'y mélanger les ingrédients, pour éviter que la glace ne fonde. N'hésitez pas à ajouter sur la chantilly quelques copeaux de chocolat et un peu de caramel.***

# GRANITÉ À LA MENTHE

**POUR 4 PERSONNES • PRÉPARATION : 10 MIN • CUISSON : 5 MIN**
**CONGÉLATION : 6 H**

45 g de sucre en poudre + 100 g de jus de citron + 150 g d'eau
1 à 2 cuil. à soupe de sirop de menthe

❒ Versez le sucre en poudre, le jus de citron et l'eau dans une casserole. Portez à ébullition sur feu moyen, puis retirez du feu et laissez refroidir.

❒ Ajoutez alors le sirop de menthe. Versez la préparation dans un grand plat, mettez dans le congélateur et réservez pendant au moins 6 heures.

❒ Raclez la glace avec une fourchette de manière à obtenir le granité ; n'appuyez pas trop fort afin de ne pas casser la glace. Servez dans des coupes très froides.

# MR FREEZE BICOLORE

**POUR 4 PERSONNES • PRÉPARATION : 15 MIN • CONGÉLATION : 6 H**

20 cl de jus d'orange + 18 cl d'eau + 2 cl de sirop de grenadine
4 « sachets glaces » (Alfapac®)

❐ Mélangez l'eau et le sirop de grenadine, répartissez le liquide dans les sachets en plastique et maintenez-les fermés à l'aide de pinces.

❐ Mettez dans le congélateur et réservez pendant 2 heures. Sortez les sachets, ouvrez-les et répartissez-y le jus d'orange.

❐ Refermez-les hermétiquement et laissez-les au congélateur pendant 4 heures.

*Les sachets en plastique « spécial glaces » sont vendus pour 60 glaces, de quoi laisser libre cours à votre imagination. À défaut, vous pouvez utiliser des bacs à glaçons (pensez alors à planter un petit bâton dans chaque glaçon lorsque la glace commence à prendre) ou une plaque de demi-sphères en silicone.*

# FROZEN YOGURT FRAISE-MERINGUE

**POUR 4 PERSONNES • PRÉPARATION : 20 MIN • CONGÉLATION : 1 À 2 H**

300 g de fraises congelées + 50 g de fraises fraîches + 250 g de yaourts (type Velouté®)
4 à 5 cuil. à soupe de sucre en poudre + 1 meringue nature + 8 feuilles de menthe

❒ Entre 1 et 2 heures avant de préparer les glaces, mettez dans le congélateur les yaourts ainsi que les ramequins dans lesquels vous allez servir les frozen yogurts.

❒ Hachez grossièrement les fraises congelées. Mixez-les rapidement avec le sucre, puis ajoutez les yaourts et mélangez de nouveau, en remuant de temps en temps la préparation pour bien répartir les fruits dans le yaourt. Ne mixez pas trop longtemps pour ne pas faire fondre la glace.

❒ Coupez les fraises fraîches en tout petits cubes. Versez le frozen yogurt dans les ramequins et ajoutez les petits cubes de fraise. Écrasez la meringue, répartissez-la sur la glace et décorez de 2 feuilles de menthe avant de servir.

***Pour mieux réussir les frozen yogurts, mixez les yaourts et les fraises congelées en deux fois.***

# FROZEN YOGURT SOJA-ABRICOT

**POUR 4 PERSONNES • PRÉPARATION : 20 MIN • CONGÉLATION : 1 À 2 H**

250 g d'abricots congelés + 50 g d'amandes mondées légèrement torréfiées
200 g de yaourts au soja + 4 à 5 cuil. à soupe de sucre en poudre
1 dizaine de gouttes d'extrait d'amande amère

❒ Entre 1 et 2 heures avant de préparer les glaces, mettez dans le congélateur les yaourts ainsi que les ramequins dans lesquels vous allez servir la glace.

❒ Mixez rapidement les abricots congelés avec le sucre, puis ajoutez les yaourts, les gouttes d'extrait d'amande amère et mélangez de nouveau, en remuant de temps en temps la préparation pour bien répartir les fruits dans le yaourt. Ne mixez pas trop longtemps pour ne pas faire fondre la glace.

❒ Hachez grossièrement les amandes torréfiées. Versez le frozen yogurt dans les ramequins, saupoudrez d'amandes hachées et servez aussitôt.

ABRICOT

# INDEX

# RECETTES :

Solveig Darrigo : 4, 26, 34, 58, 64, 90, 110, 130, 132, 140, 146, 152, 154 ; Martine Lizambard : 6, 8, 14, 25, 28, 86, 88, 98, 100, 104 ; Dorian Nieto : 10, 12, 16, 18, 23, 33, 46, 48, 50, 73, 74, 114, 143, 170, 172, 174, 176 ; Véronique Liégeois : 13, 30, 32, 53, 72, 103, 105, 120, 122, 123, 144, 165 ; Alice Greetham : 20, 22, 38, 42, 44, 85, 94, 96, 102, 142, 163, 164 ; Vincent Amiel : 24 ; Véronique Cauvin : 36 ; Émilie Laraison : 31, 32, 40, 52, 56, 60, 62, 70, 106, 112, 126, 128 ; Yann Leclerc : 43 ; Joséphine Piot : 45, 83 ; Marion Beilin : 54, 82, 84, 133, 134 ; Régine Teyssot : 63, 76, 93, 118, 150 ; Delphine Malachard des Reyssiers : 65, 78, 80 ; Laura Annaert : 66, 113, 116, 153, 156, 158 ; Dorian Nieto /Birgit Dalh : 68, 173, 178, 180, 182, 183, 184, 185, 186, 188 ; Pascale Weeks : 108 ; Zoé Armbruster : 124, 125, 145, 148, 166 ; Estérelle Payany : 136, 168 ; Céline Mennetrier : 138 ; Virginie Robichon : 160, 162

# PHOTOGRAPHIES ET STYLISME :

Éric Fenot / Delphine Brunet : 5, 7, 9, 15, 25, 27, 29, 35, 59, 64, 111, 131, 132, 141, 147, 152, 155 ; Dorian Nieto : 11, 12, 17, 19, 23, 33, 47, 49, 51, 73, 75, 115, 143, 171, 172, 175, 177 ; Valéry Guedes : 13, 91, 92, 105, 122, 123, 139 ,144, 165 ; Julie Bienvenot : 21, 22, 39, 42, 45, 85, 95, 97, 102, 142, 163, 164 ; Claire Payen / Vincent Amiel : 24 ; Émilie Laraison : 31, 32, 41, 52, 53, 57, 61, 62, 71, 72, 103, 107, 112, 121, 127, 129 ; Édouard Sicot / Natacha Arnoult : 37 ; Valéry Guedes / Natacha Arnoult : 43, 101, 104 ; Myriam Gauthier-Moreau : 45, 83 ; Amandine Honegger / Sylvie Rost : 55, 82, 84, 133, 135 ; Guillaume Czerw / Sophie Dupuis-Gaulier : 63, 77, 93, 119, 151 ; Céline de Cérou : 65, 79, 81 ; Claire Curt / Pauline Ricard-André : 67, 113, 117, 153, 157, 159 ; Marie-José Jarry / Bérengère Abraham : 69 ; Pierre Chivoret / Victorine Ducoulombier : 87, 89, 99 ; Silvia Santucci : 109 ; Zoé Armbruster : 124, 125, 145, 149, 167 ; Bernard Radvaner / Motoko Okuno : 137, 169 ; Virginie Robichon : 161, 162 ; Nathalie Carnet / Manuela Chantepie : 173, 179, 181, 182, 183, 184, 185, 187, 189

Direction : **Didier Férat**
Direction éditoriale : **Fanny Ecochard-Martin**
Édition : **Diane Monserat**
Création graphique de la maquette intérieure : **Julia Philipps**
Création graphique de la couverture : **Chloé Senget**
Mise en page et photogravure : **Nord Compo**
Fabrication : **Laurence Duboscq**



ISBN : 978-2-263-18624-0
Code éditeur : L18624
Dépôt légal : janvier 2024
Imprimé en Espagne par Macrolibros